W0376215

Et nous danserons encore

Sébastien Spitzer

Et nous danserons encore

7 octobre et après : les survivants racontent

Préface d'Émilie Moatti

Albin Michel

© Éditions Albin Michel, 2024

« Borges écrivait qu'il suffit de deux miroirs opposés pour construire un labyrinthe. »

Colum McCann, *Apeirogon.*

Préface

« J'écris car ceux que j'aimais sont déjà morts » : c'est par ces mots que s'ouvre le roman le plus mondialement célèbre d'Amos Oz, *Mon Michaël*[1]. J'écris ces mots car le pays que j'aimais est mort le 7 octobre et parce qu'un abîme immense s'est creusé entre ce qui s'exprime dans *Mon Michaël*, à savoir le désir constructif d'appréhender ce que signifie être israélien, et la marque des jours actuels : la dévastation, la ruine et la confusion. On dit que toute mort est le moment d'une naissance : si personne ne saurait dire ce que cette mort va engendrer, ni quand, on voit clairement, mon Dieu ! si clairement, ce qui est déjà mort.

Ce ne sont pas seulement les morts eux-mêmes, ceux qui ont été assassinés, sacrifiés, cet empilement calciné de corps en ce jour de shabbat plus noir que noir. C'est aussi Israël, et nous, les Israéliens, et avec nous, d'autres cercles d'identités encore. C'est la mort absolue des morts et notre

1. Paru en 1968. Trad fr. par Rina Viers, Gallimard, 2020.

mort atroce, nous qui pourtant respirons malgré l'hébétement ; notre mort à nous.

Le mois d'avril vient de commencer ; le printemps est à peine là que le soleil du Moyen-Orient nous aveugle depuis des cieux presque blancs. Un hiver entier déjà qu'ils sont là-bas, ceux que la peur a saisis et que l'on a abandonnés à leur condition d'otages dans les profondeurs des tunnels. Ils sont là-bas, et pour la plupart d'entre eux, nous n'avons pas le commencement d'une idée de ce que sera leur sort. Pour eux, pas de jour ni de nuit ; et ne parlons même pas des premiers jours, lorsque Avigaïl, Yahel et leurs si adorables camarades de maternelle étaient encore là-bas. Qui leur a raconté des histoires ? Qui a embrassé ces si jeunes enfants ? Comment des bébés qui ne parlent pas encore pourront-ils un jour nous raconter la catastrophe qui, à partir de ce moment, a marqué leur vie à jamais ?

Je raconte, mais d'une écriture laborieuse ; ma plume est lente et, plus je vieillis, moins elle est immédiate. Quand j'étais jeune, j'écrivais beaucoup : des journaux, des ébauches de romans, des discours pleins de hargne à la commande. J'avais toujours quelque chose à dire, toujours de quoi me plaindre ; et, politicienne en devenir, des conseils à en revendre.

Le 7 octobre m'a vidée de mon air ; mes mots sont otages. Les mots et la joie de vivre. Je me suis réveillée, comme à mon habitude à l'époque, au premier chant des oiseaux. Une sirène se fait entendre au loin, perçant le silence du matin. Je me jette sur la télévision et sur le poste de radio qui traîne dans la cuisine. Dans le monde où nous vivons, rien ne s'est passé tant que ce n'est pas passé à la télé ; mais la télé, alors, ne retransmet encore que les festivités de la nuit précédente, la radio diffuse encore ses programmes nocturnes, quelque chose entre Clapton et Leonard Cohen. Les chaînes WhatsApp commencent à s'agiter : quelque chose de grave est en train de se passer. Les sirènes sur Tel-Aviv ne laissent plus de place au doute : quelque chose se passe, les nouvelles sont vraies, la télévision est en retard sur le réel et le réel est là. D'autres nouvelles, des images de corps jetés dans la rue, pas loin d'un arrêt de bus. À chaque minute qui s'écoule, la catastrophe prend des proportions plus monstrueuses. L'horreur nous tombe dessus, son image se compose morceau par morceau, et le calme du shabbat laisse place aux ténèbres. Sur les groupes d'amis, tu vois apparaître des visages connus, les enfants d'amis assassinés, des familles entières enlevées, que les chaînes d'info en continu projettent numériquement dans nos yeux hagards. La peur, la terreur, le chaos.

Les listes succèdent aux listes. Tout le monde cherche tout le monde. Tout le pays fait front, tout le peuple se fait armée. Le soir même, nous nous sommes déjà rassemblés, résolus à agir. Trois jours plus tard, le Forum des familles est établi. Pour mon époux Daniel et moi-même, rejoindre ce mouvement, y implanter notre vie, s'impose immédiatement comme une évidence. Les premiers jours sont insupportables. Je me souviens de chaque famille, de chaque histoire, de chaque cri qui déchire l'air quand une famille apprend que tel proche que l'on croyait pris en otage a en réalité été assassiné, de chaque soupir de soulagement lorsque telle autre famille apprend que l'un de ses disparus a été identifié comme otage – vivant. Je me souviens des pleurs et de la détresse insondable et de l'impuissance, et aussi de la détermination. Il est clair que chacun fait ce qu'il sait faire de mieux : celui qui sait cuisiner se met aux fourneaux, celui qui sait filmer documente les événements, celui qui est familier de la scène internationale sort son carnet d'adresses et se met à passer des coups de fil. Je m'inscris dans cette dernière catégorie : entre mes contacts et mes anciens collègues encore actifs dans diverses assemblées nationales et internationales, je cherche un réconfort pour ceux dont le monde a changé au point d'être méconnaissable. Des gens dont la vie était aussi banale que la mienne ou la vôtre, lecteurs. Des gens établis, avec un travail, certains très engagés, d'autres moins, de tous les milieux sociaux imaginables. Des gens qui, dans la terreur et la panique, se sont retrouvés côte à côte au cœur de la plus grande catastrophe qu'ait connue l'État d'Israël.

Et celui qui sait écrire, écrit.

C'est là que j'ai rencontré Sébastien. Comme d'autres, il m'a envoyé un message dont j'ai pris connaissance quelques jours plus tard. Quand nous nous sommes rencontrés la première fois, il m'a fait savoir qu'il voulait écrire sur ce qui s'était passé et qu'il souhaitait partager un moment avec les familles. Cela m'avait semblé bizarre : pourquoi un écrivain totalement étranger à tout cela tenait-il tant à venir dans un pays devenu la scène d'un crime aux proportions encore indéterminées ? Et lui, il viendrait et commencerait à documenter cela ? Lors de notre deuxième rencontre, j'ai compris que je devais lui donner accès au bâtiment abritant le Forum des familles et je lui ai obtenu une autorisation d'entrer, au même titre que les bénévoles. Il est resté de longues heures, arrivant parfois avant tout le monde le matin pour rentrer chez lui le dernier, le soir. Il a passé du temps avec quiconque le voulait bien, parfois pendant des heures, écrivant, approfondissant, essayant de comprendre. Il a fini par faire partie des familles. « Les familles » : encore un concept qui a fait irruption dans notre vie. Chacun comprend tout de suite ce que nous voulons dire quand nous parlons des « familles ». Et Sébastien s'est fait la famille des « familles ». Il mangeait avec nous le midi, a râlé avec nous de la température mal réglée des climatiseurs, est descendu avec nous dans les abris lorsque les sirènes retentissaient, a poussé avec nous un soupir de soulagement quand chacun revenait à sa tâche.

Sébastien a passé des heures avec Morane Stella Yannai quand elle a été relâchée par le Hamas ; avec Jonathan, le fils de Viviane Silver, cette combattante pour la paix si sage, si aimée, qui est passée du statut d'otage à celui de victime d'assassinat ; et avec bien d'autres encore. Des conversations banales, des échanges profonds. Parfois aussi, il a passé des journées entières à observer, sans écrire un mot, voyant sans se faire voir. L'un d'entre nous ; un étranger, un ami.

On dit que ce sont les vainqueurs qui écrivent l'histoire ; je ne pense pas qu'il y aura de victoire, mais je suis persuadée que l'histoire doit être écrite pendant qu'elle est en train d'avoir lieu.

Émilie Moatti
24 avril 2024
Tel-Aviv

Prologue

Un an vient de s'écouler. Le 7 octobre 2023, des centaines de civils ont péri sous les balles, les grenades et les lames des terroristes du Hamas. Comble de l'horreur, tout a été filmé, diffusé en direct sur les réseaux sociaux. Affreuse propagande. Effroyable carnage dont l'onde secoua le monde.

J'ai vu les visages et lu les témoignages des rescapés du drame. Ce n'était plus un crime, mais un véritable pogrom. Le mot dit bien la chose. Il est d'origine russe. Il a été forgé pour désigner les pillages et les destructions de villages juifs situés aux confins de l'Empire russe. Pogrom. Il faut très peu de lettres pour qualifier le pire. Les milliers de victimes lynchées pour leur croyance, tuées pour leurs rituels. Deux syllabes suffisent pour dire l'horreur.

Samedi 7 octobre, le monde fut sidéré. Bouche bée devant l'événement. Après le 11-Septembre, il vivait le 7 Octobre.

Puis, très vite, les premières paroles ont été prononcées. En hébreu. En arabe. En anglais. En chinois. En russe. En français. Des « oui mais » ont germé sur les réseaux sociaux avant que les démagogues s'en saisissent pour flatter les extrêmes, quitte à nier l'évidence.

Pendant un quart de siècle j'ai sillonné le monde. L'Asie. L'Amérique. L'Afrique et puis l'Orient. J'ai vécu quelques mois au Caire et à Beyrouth. J'ai étudié l'arabe, l'histoire de la première Intifada, interviewé en tête à tête le chef du Hezbollah, Hassan Nasrallah. Cet Orient compliqué, je le pratique de longue date. Comment peut-on confondre un acte terroriste et un acte résistant ? Le terroriste sidère. Le résistant s'engage. Le terrorisme nie l'homme. La résistance espère. Le terrorisme est une crise de conscience. La résistance est une prise de conscience.

Le Hamas est une organisation islamiste créée dans la bande de Gaza en 1987. Sa charte appelle au jihad contre les juifs et à la création d'un État islamique en Palestine à la place d'Israël. Une trentaine de pays occidentaux, dont les États-Unis, le Canada, la France, l'Allemagne, la Belgique, l'Espagne et d'autres pays de l'Union européenne, le Royaume-Uni et l'Australie, l'ont inscrit sur la liste des organisations terroristes.

Toutefois, au lendemain du raid terroriste du 7 octobre, l'opinion internationale s'est mise à vaciller. Le pogrom s'est dilué dans les bombardements. Le crime de masse a conduit à un autre crime d'ampleur. L'invasion de Gaza par les troupes de Tsahal. Les victimes civiles. Vieux. Femmes. Enfants. Des dizaines de milliers de Palestiniens morts. Et ce Premier ministre qui, trois jours après le drame, osa déclarer : « Nous avons face à nous un ennemi abominable. Ce sont des animaux humains. Nous combattons des animaux. Nous agirons en conséquence. » Mais à qui pensait Benjamin Netanyahou en évoquant des « animaux » ?

*

Chacun a ses boussoles, ses repères dans la tempête, quand tout semble bouleversé, ces guides qui gardent le cap quand le monde est sens dessus dessous. Le mien s'appelle Victor Hugo. J'estime l'homme et son œuvre. J'admire ses engagements contre la peine de mort, contre la misère et pour les libertés. Je le relis souvent.

Peu de temps après le terrible samedi noir, en novembre 2023, j'ai été invité sur RCJ, radio communautaire juive. La directrice de son antenne, Sandrine Sebbane, souhaitait m'interviewer sur le *Dictionnaire amoureux* que je venais de lui consacrer. En guise de prologue, j'ai émis le souhait de lire un article de Victor Hugo publié en juin 1882. Ce texte dénonçait les pogroms en Russie : « L'heure est décisive, écrit-il. Les religions qui se meurent ont recours aux derniers moyens. Ce qui se dresse en ce moment, ce n'est plus du crime, c'est de la monstruosité. Un peuple devient monstre. Phénomène horrible. Il semble qu'un rideau se déchire et qu'on entend une voix dire : Humanité ! regarde et vois… »

Je me souviens que sur la table du studio d'enregistrement il y avait des affiches figurant les membres d'une même famille, cinq personnes retenues en otage à Gaza. Trois enfants. Un adulte et une vieille dame. L'heure était décisive.

Je ne veux pas qu'on oublie l'histoire de ces victimes, l'histoire de ce crime, ce pogrom du siècle commis aveuglément parmi des pacifistes. J'ai pris à la lettre l'impératif de Hugo : « Humanité ! regarde et vois. »

Ce livre est leur histoire. Mais avec le temps, elle est aussi devenu la nôtre. Notre histoire.

Jamais un événement n'aura autant clivé. Semaines après semaine, mois après mois, le 7 octobre a divisé le monde, scindé les opinions, américaines, européennes, disloqué les consciences aux quatre coins de la France.

J'ai passé tout l'hiver à entendre les témoins de ce terrible pogrom, à rencontrer ses victimes, à retranscrire tant bien que mal l'histoire des rescapés et des otages revenus. J'étais sidéré, ahuri de ce qu'ils me racontaient. Le combat de Jonathan pour défendre la mémoire de sa mère, Viviane Silver, en lice pour le prochain prix Nobel de la Paix. Le sacrifice de Netta qui se jeta sur une grenade dégoupillée par les terroristes pour protéger sa jeune fiancée ; ils devaient se marier en avril dernier. La mère de Sharon, battue, enfermée dans ces kilomètres de tunnels, malade, âgée, chétive. Le courage de Morane, enlevée à Gaza, qui défia ses bourreaux pour protéger ses codétenues du viol et des violences.

À mon retour en France, j'ai livré quelques pages à l'un de mes éditeurs qui doutait que j'aie pu rencontrer tous ces gens, en tête à tête, en face à face. Daniel. Amir. Angela. Hannah. Irène. Ayelet. Ishay. Yaël. Galit. Hugo… J'étais bien auprès d'eux, côte à côte, souvent main dans la main. En me confiant leur histoire, ils m'ont ouvert les yeux. J'ai mesuré l'abîme qui se creusait en eux. La douleur du deuil. La colère face à l'incompréhension de l'opinion mondiale. La double peine, en somme. Et ce Premier ministre israélien qui n'en finissait plus de détruire, de briser, de poursuivre l'idée folle d'éradiquer le terrorisme, d'annihiler le Hamas à coups d'obus, de tanks et de bombes larguées en vol, au risque de blesser ou de tuer les otages retenus. Ignoble tragédie ! Insupportable dilemme. À quoi se borne un combat ? Où commence la vengeance ? La Cour de justice internationale veille.

Au début de l'année, j'ai repris le chemin de l'université. Depuis quelques années, j'ai la chance d'animer des cours d'écriture à Sciences Po Paris. Mes élèves s'apprêtaient à plancher sur les liens de l'Histoire et de l'histoire, de l'événement historique et de la trame romanesque. Une des questions posées au cours de ce semestre concernait spécifiquement la place de l'événement. Chargé des mémoires des rescapés du 7 octobre, j'ai commencé ces cours dans un climat serein, évoquant mon parcours d'ancien journaliste devenu romancier. Mais la situation a tourné. Une poignée d'étudiants s'est emparée du drame en prenant fait et cause pour les Palestiniens, les dizaines de milliers de Gazaouis morts, de femmes et d'enfants ensevelis sous les bombes. Des drapeaux vert, rouge, noir ont brusquement surgi sur les façades du campus. Les couloirs se sont mis à résonner d'appels au cessez-le-feu et de slogans douteux sur l'État palestinien « de la rivière à la mer ». Quid de l'État hébreu ? Il avait disparu des représentations. De quel droit ? Au nom de quoi ?

Ce mouvement étudiant s'est vite répandu. D'abord aux États-Unis d'Amérique, avec Harvard, Columbia et UCLA notamment, mais aussi au Mexique, au Canada, en Allemagne, en Suisse et en France. Partout les mêmes images de dizaines d'étudiants drapés dans leurs keffiehs. Occupations. Blocages. Manifestations. Et ce lot de slogans clairement antisionistes et de propos parfois antisémites.

Au printemps, le nombre d'incidents à caractère antisémite a explosé dans le monde en général et en France en particulier. Les images des civils pris au piège à Gaza enflammaient les consciences, au risque de faire oublier ce qui s'était passé le 7 octobre. L'histoire est sans pitié, elle passe au fil du temps et menace d'effacement les pires atrocités.

Le récit du pogrom était presque achevé. Les mots étaient gravés dans un coin de ma conscience. La douleur de Galit, d'Ayelet et de Daniel demeurait bien tangible même si les médias la reléguaient au second plan, quasiment inaudible, invisible, comme un membre fantôme qu'on sent, mais qu'on ne voit plus. La France insoumise soufflait sur les braises. Les sbires de Mélenchon attisaient les rancœurs contre l'État hébreu. J'ai vu, rue Saint-Guillaume, ses petits députés ceints de leur écharpe trop grande rameuter la jeunesse, exacerber les haines. J'ai vu leur leader soulever tout un amphi trois jours après s'être fait interdire de meeting à Lille. J'étais assis tout au fond pour l'entendre de vive voix, pour renifler le bonhomme. J'ai vu Mélenchon s'enflammer, s'embraser peu à peu et finir par appeler en hurlant à ne pas reculer, à ne rien céder. J'ai éprouvé alors un terrible malaise. J'ai senti la menace de ce semeur de chaos, ce harangueur sans foi ni loi, ce dangereux démagogue.

Et cela n'a pas loupé.

Quelques jours plus tard, sa chère candidate Rima Hassan publiait sur X : « L'heure est au soulèvement. » Le mot n'est pas neutre. Rima Hassan est une femme politique française d'origine palestinienne. En arabe, le mot soulèvement se dit *intifada*. J'ai étudié l'arabe et remis un mémoire de maîtrise sur le sujet, précisément : l'histoire de la première Intifada. La candidate insoumise appelant à l'Intifada en France ! Impensable ! Impossible. Et pourtant.

Je garde bien en tête l'image des députés agitant le drapeau palestinien. Je garde bien en tête les couleurs rouge, noir, vert et blanc portées par les députés de ce parti d'extrême gauche. Je garde bien en tête toutes les dénégations de ces élus concernant le Hamas, ce parti terroriste, au risque de faire le lit de l'extrême opposé, celui de droite, celui de Le Pen. Affreux printemps annonçant un été meurtrier…

Mille fois j'ai pensé à l'affaire Dreyfus, et au sort de ce capitaine qui divisa la France et fit croître le spectre de l'antisémitisme. Je suis même allé visiter son musée, près de la maison de Zola.

D'autres blocus ont suivi, plus intenses, plus ancrés, qu'il fallut déloger par les forces armées. Le débat est devenu de plus en plus vif, les disputes plus ardentes et le monde politique s'emparait de l'affaire, en la tordant à souhait pour mieux la détourner.

Comme notre gouvernement n'a pas su se faire entendre, les extrêmes politiques se sont polarisés. Voilà où nous en sommes. Voilà ce qu'il en est de minimiser les faits, de ne pas vouloir voir, de refuser d'entendre. Les extrêmes s'en emparent. Ce fut le cas, ici, avec les élections législatives anticipées qui gonflèrent les extrêmes, de gauche comme de droite. C'est aussi le cas en Israël où les plus radicaux imposent leurs vues ; où ceux qui se réjouirent hier de la mort de Rabin, de l'enterrement d'Oslo, poussent aujourd'hui l'armée vers le pire.

Le 7 octobre, l'attaque des terroristes islamistes du Hamas n'a pas fini de bouleverser le monde, de retourner les opinions, de renverser les alliances. Mais pour bien le comprendre, il faut revenir aux faits, tendre l'oreille à ceux qui l'ont vécu de plein fouet, entendre leur témoignage, voir avec leurs yeux, sentir avec leur cœur en priant pour le retour de ceux qui restent encore aux mains de ces bourreaux.

Il faut beaucoup de chaos, dit Nietzsche, pour faire naître une étoile. Il en faut tout autant pour que la lumière advienne, que la vérité nous éclaire. Au début, elle sera probablement aveuglante. Mais nous nous y ferons, peu à peu.

De la rave-party
au cauchemar dans le Néguev

Mauvais signes

Huit semaines en enfer. Elle aurait pu l'éviter, ce cauchemar. Elle avait vu les signes, pourtant. À quoi tient un destin ?

Le sien a basculé pendant le festival Supernova, cette fameuse rave-party dans le désert du Néguev, un peu trop près de Gaza.

Morane est une femme d'une quarantaine d'années. La voix rauque. Les yeux noirs. De longs cheveux bruns et raides. Un petit nez arrondi. Un grand sourire charmeur. Elle doit tendre l'oreille à cause des explosions.

« L'immeuble où j'étais détenue à Gaza tremblait comme un linge sur une corde. Les bombes de notre armée tombaient tellement près de nous ! Ceux qui me retenaient en otage, ça les faisait presque marrer. Moi, je faisais semblant de ne pas avoir peur. Mais j'étais paniquée. Pendant ces deux mois de captivité, j'ai dû trouver la force de tenir. Mais à la fin, il faut l'avouer, j'étais au bout de mes ressources. Dans le rouge, vous savez, comme les compteurs d'essence. J'étais devenue obsessionnelle. Je me répétais cent fois, mille fois les mêmes phrases dans la tête. Maniaque. »

Il faut du caractère pour tenir dans de telles circonstances, quand tout joue contre vous, les coups violents du dedans, les bombes du dehors, le passé regretté, l'avenir impensable.

« Ils m'ont tellement fait le coup de me dire que j'allais sortir. "C'est bon, tu vas partir, dans une heure." Ils me disaient de me préparer. Et puis, rien. "Demain, tu sors demain." Ils me disaient ça, en arabe. Aujourd'hui, je parle arabe. J'ai fait un stage accéléré. Demain, ça se dit *bokra*. Et puis, rien. À la fin je comprenais tout ce qu'ils me disaient, je maîtrisais bien cette langue, mais je n'y croyais plus. Quand ils prétendaient que je serais libérée, je ne réagissais même plus. »

Comment a-t-elle fait pour tenir si longtemps dans les griffes du Hamas ?

Morane incline la tête, tendant un peu l'oreille, puis se redresse rapidement. Pas besoin de répéter. Pendant un bref instant, son visage se transforme. Son expression se durcit. Elle commence à forger un étrange sourire. En biais. Sa jolie bouche s'est levée, mais seulement d'un côté. Son index plein de bagues vient tapoter sa tempe.

« Mon imagination. J'ai beaucoup d'imagination. »

Comment ça ? Je ne comprends pas.

J'aimerais qu'elle précise, mais elle me parle d'autre chose, du moins en apparence. C'est sa façon de répondre. Morane prend tout son temps. Ce n'est pas une dérive, ou ce qu'on pourrait appeler des circonvolutions, mais une plongée profonde pour fouiller au creux d'elle la seule réponse possible.

Morane me raconte qu'elle a eu plusieurs vies. La peinture, l'écriture, le service militaire, tous ces films d'espionnage qui la faisaient rêver.

« Si mes geôliers du Hamas avaient pu regarder dans mon ordinateur, je ne serais pas revenue vivante. Ça, c'est sûr. Ils m'auraient prise pour une espionne. Il était plein de films, d'articles, de livres. Et puis des reportages. Quand j'ai une idée en tête, je ne la lâche pas. Même si parfois cela me met en difficulté. C'est comme pour mes bijoux... »

Elle me montre ce qu'elle porte. Ses mains pleines de bagues en argent, de bracelets ethniques. Les colliers à son cou, avec leurs Croix du Sud d'inspiration touareg.

Pour comprendre son histoire, il faut remonter le temps, rembobiner les faits. L'expression tombe bien. Des mois avant ce terrible samedi noir, Morane bobinait, débobinait des kilomètres de fils et de cordons pour fabriquer des colliers, des bracelets, des bijoux, enfiler des tas de perles, sertir des pierres précieuses. D'ailleurs, c'est pour cela qu'elle était à cette fête. Pour vendre sa collection.

« C'est plus qu'une collection. C'est toute ma vie, tu sais. J'ai fait plein de petits boulots. Il faut cela à mon âge. J'ai dû gagner ma vie. Pendant de nombreuses années, j'ai dû mettre de côté mes rêves d'écriture ou de peinture. Je ne pensais pas que mes créations pouvaient plaire. J'ai bossé. J'ai économisé. Et puis un jour, je me suis lancée. Pendant six mois, pendant les six mois qui ont précédé le festival Supernova, j'ai travaillé très dur, nuit et jour, pour faire ma collection, créer chaque pièce, chaque pendentif, chaque collier. J'ai investi tout ce que j'avais, toutes mes économies. Il faut beaucoup d'énergie pour se lancer. J'ai résolu des tas de problèmes. J'ai avancé, car j'y croyais. Pour la première fois de ma vie, j'ai cru que je serais capable de faire quelque chose. C'était plus qu'une collection pour moi. C'était toute ma vie. »

La veille du festival, Morane réunit ses créations. Elle en a fait des caisses qu'elle va maintenant devoir vendre. Elle a acheté des tables, des tréteaux, des tapis de velours noir pour les mettre en valeur. Tout ce qu'il faut pour dresser un vrai stand.

Ce vendredi matin, une amie, Sima, doit venir pour l'aider à trimballer tout ça. Morane vit seule, avec son chien, dans un petit appartement de Beer-Shev'a, une grande ville du Sud, située aux confins du désert du Néguev. Le soleil s'est levé. Elle est impatiente. C'est la toute première fois qu'elle va présenter son travail, toute sa collection.

« À la fenêtre du salon, pendant que je guettais l'arrivée de mon amie, j'ai vu cette voiture conduite par un rabbin. Il traversait la ville pour rappeler que ce soir c'était shabbat. Tu sais, je suis juive. Je ne travaille pas quand c'est shabbat. C'est la tradition. Or cette fois, j'allais passer la nuit à vendre mes bijoux pour gagner de l'argent. »

Son amie tarde à venir. Morane en profite pour chasser ses remords. C'est une grosse rave-party. Il va y avoir du monde. Près de quatre mille personnes venues de tout le pays pour faire la fête pendant deux jours. Une occasion en or.

Pourtant, ça recommence. Les signes. L'intuition. Une tourterelle s'est posée sur la balustrade du balcon. Elle était là, la veille et l'avant-veille, aussi. Trois jours qu'elle s'obstinait à revenir. Morane n'a rien fait pour l'attirer. Pas de graines. L'oiseau n'a pas de nid en cours, n'a pas de raison de revenir, du moins en apparence.

« J'étais si intriguée que j'ai appelé une amie pour en parler. Elle a tiré les cartes. Elle m'a dit que cette tourterelle dite "des palmiers" annonçait quelque chose. Elle m'a dit qu'elle me rappelait d'écouter mon cœur et de suivre mes intuitions. Elle m'a dit cela la veille ! Et cette tourterelle revenait. Ce vendredi matin, elle était là, devant moi, et je voyais son bec qui bougeait. J'étais sûre qu'elle m'annonçait quelque chose. »

Quand la jeep de Sima klaxonne en bas de chez elle, Morane se reprend. Elle porte, charge et recommence. Sima monte pour l'aider. La voiture se remplit. Elle déborde de sacs, de valises, de tout l'attirail nécessaire. Sima prend le volant. C'est une vieille amie qui a promis de l'aider. Elle a tenu parole.

Le festival Supernova n'est pas situé très loin. Il faut prendre la route sur quarante kilomètres, filer droit vers l'ouest. Morane et Sima sont de très bonne humeur. Elles écoutent la radio. Elles projettent leurs espoirs. Plus question de ruminer sur la voiture du rabbin, la tourterelle revenue. Elles filent droit vers Reïm.

Ce que Morane ignore, ce que tous les festivaliers ignorent, ce sont les vifs débats qui avaient opposé des officiers de l'armée aux organisateurs. Trois mois avant le drame, le dossier déposé avait soulevé les doutes. Une fête si près de Gaza, à moins de cinq kilomètres, dans cette zone très sensible. Des centaines de roquettes et de mortiers tirés depuis Gaza s'abattent régulièrement sur la région. Comment protéger tous ces jeunes ? D'après le quotidien israélien *Haaretz*, plusieurs officiers s'y seraient opposés. Mais ils furent contournés. L'état-major accepta. La rave aura bien lieu.

Elle a même commencé, lorsque Morane débarque.

Cela fait vingt-quatre heures que les fêtards s'éclatent au son de la techno. Sima gare sa jeep dans le parking près de la route 232, qui sera baptisée plus tard « la route de l'enfer ». Les deux jeunes femmes font des allers-retours. Quelques amis les retrouvent et leur prêtent main-forte. Le stand est prêt. Quatre tables pleines de bijoux se déploient en carré. Morane est au milieu. Ses bijoux plaisent. L'ambiance est bonne. Elle retrouve des visages qu'elle a croisés ailleurs, sur d'autres festivals. Les habitués. C'est le cas de cette dame d'une soixantaine d'années. Personne ne sait son nom, mais tout le monde la connaît. Elle passe. Elle danse un peu. Elle boit sans abuser. Elle distribue aussi ses fameux petits papiers avec ses prophéties, ses aphorismes étranges. La femme lui sourit et lui en tend deux d'un coup.

« J'ai ouvert le premier et lu cette étrange phrase : "La folie a du sens." L'autre disait "offrir une vie contre une vie". J'ai dû le relire plusieurs fois tant j'étais surprise. Ensuite, je l'ai regardée. Je lui dis : "Vous êtes sérieuse, là ? Vous pensez que ça peut me faire plaisir de lire ce genre de choses ?" Elle a souri sans rien répondre et elle s'en est allée. Mais elle s'en est sortie, elle, à la fin. Elle a survécu au massacre. »

Toute la nuit durant, Morane reste sur son stand. Elle refuse les produits stupéfiants qui circulent. Pas besoin de ça pour tenir. L'enjeu est important. Elle a tellement investi dans ces bijoux qu'elle doit vendre. Il faut qu'elle vende encore. Plus. Et puis, dans la pénombre, on pourrait la voler. Il y a tellement de passage, de bruit. Peu de monde pour surveiller. À peine quelques agents qui circulent sans rien voir. Une douzaine d'agents équipés d'armes de poing.

Et il y a ce type étrange…

« Un Arabe. Un agent de nettoyage. Il est venu à mon stand au milieu de la soirée. Il semblait observer. Il partait et revenait. Il me tournait autour et observait la foule. Vraiment bizarre. Sima l'avait remarqué, aussi. Elle m'a même proposé de s'occuper de lui. Mon amie parle arabe. Elle était prête à lui demander de s'éloigner pour me laisser tranquille. Mais j'ai décliné. Je pouvais gérer ça. Au milieu de la nuit, le type a disparu. »

Aux premières lueurs de l'aube, à quelques kilomètres de l'immense rave-party, des roquettes sont tirées de Gaza. Des salves impressionnantes. Des centaines à la fois qui pleuvent sur les kibboutz qui bordent la frontière. Là-bas, près de Reïm, dans ce coin d'Israël situé près de la frontière, le « dôme de fer » fonctionne. Les batteries de missiles antimissiles s'activent pour détruire les roquettes de Gaza. Mais il n'y a pas d'alarme comme dans les autres villes. Il n'y a pas de sirène qui alerte du danger. Peu de lieux où se réfugier. Les festivaliers dansent. La musique couvre les bruits des premières explosions. Voilà le scénario que redoutait le colonel Sahar Fogel.

Mais ce n'est qu'un début. Le premier temps du drame.

Quelques minutes plus tard, des commandos du Hamas percent les murs et les barrières de la frontière, s'infiltrent par les tunnels, par les airs, en ULM, à moto, en voiture. Il faut quelques minutes pour aller de la bande de Gaza jusqu'au site de la fête. Deux minutes par les airs. Dix minutes en voiture. Il faut un peu de temps aux fêtards pour comprendre qu'ils sont devenus les proies d'une immonde battue, d'une terrible chasse à l'homme. Ils devaient célébrer « l'amitié, l'amour et la liberté infinie ». C'était écrit partout. Sur tous les flyers des organisateurs. Ils vont franchir tous les cercles de Dante et découvrir l'enfer.

« À 6 h 42, j'ai vu deux missiles. La musique continuait. Tout le monde dansait encore. Il y avait un merveilleux lever de soleil. Mais j'ai compris qu'il fallait fuir. Et puis, tous mes amis aussi, ils l'ont capté. Les rafales de tirs sont venues très vite après. »

Morane hésite à peine avant de quitter son stand. Elle laisse tous ses bijoux en vrac, étalés sur les tables. L'affolement se répand. Le stand se renverse. Les fêtards prennent la fuite. Même la musique s'est tue.

Morane court. Longtemps. Elle a l'impression de courir depuis des heures. Elle cherche à se cacher, comme ses amis devant. Il faut de l'endurance pour courir courbée, la tête en avant pour éviter les balles, en se retournant parfois. Morane ne se retourne pas.

« Mes amis ont vu les terroristes tirer, les blessés, les morts. Moi, je n'ai rien vu. Heureusement d'ailleurs. Si j'avais vu tout ça, les terroristes, le sang, l'horreur, je n'aurais probablement pas eu cette énergie, je n'aurais pas pu continuer à courir de toutes mes forces. »

Il ne faut pas longtemps pour que le pire advienne. Des centaines de corps allongés dans leur sang. Des blessés innombrables qui tentent encore de fuir. Les terroristes sont bien organisés. Certains revêtent même les couleurs de Tsahal. Vert kaki, ample treillis et cette calotte de toile qui flotte sur leurs têtes. Des festivaliers croient que les secours sont là. Cette terrible méprise, ils la paient de leur vie. Plus loin, à la périphérie du site du festival, le piège se referme pour ceux qui prennent la route. Le parking encombré. Les voitures assaillies, mitraillées et brûlées. La route 232 est un traquenard mortel. Les terroristes attendent en amont, en aval, dans leurs camionnettes blanches comme celles que conduisaient les jihadistes de Daesh. Il n'y a plus d'issue.

« On a trouvé une planque, avec mes amis. On était épuisés. Et puis, effrayés. Mais d'autres fuyards sont passés devant nous. Ils ont dit que notre planque était pourrie, qu'on allait se faire tuer. Et on s'est remis à courir, courir. »

Dans le nord du Néguev, la terre est sèche et plate. Les cultures sont basses. Les fourrés sont très rares. Il y a peu de forêts dans lesquelles se cacher.

« Au bout d'une heure et demie, les terroristes nous ont retrouvés. Mon cœur était à bout. Je n'avais plus de force. Je ne les ai pas vus venir tellement je baissais la tête, j'ai juste entendu quelqu'un qui a dit "Coucou". Il a dit ça comme ça. "Coucou", comme s'il voulait faire une surprise à une enfant. Comme s'il jouait au chat et à la souris. D'autres Arabes s'approchaient pour le rejoindre. Beaucoup. Peut-être une dizaine. Je ne sais plus. Ils avançaient vers nous en hurlant : "*Allahu Akbar !*" J'avais tellement peur que je n'ai pas réfléchi. Je ne pouvais plus réfléchir. Je me suis relevée. Mes amis sont partis dans un sens. Moi, dans un autre. J'ai vu un fossé un peu plus loin. Je pensais les semer quand j'ai sauté dedans. Je me suis recroquevillée. »

Morane l'ignore, pourtant elle vient de se casser la cheville en deux endroits. Mais elle ne le sent pas. Sa détresse est telle qu'elle efface la douleur. Son esprit et son corps sont soudain dissociés. La peur de mourir, de souffrir, d'être violée.

« Ils m'ont retrouvée. Deux terroristes m'ont retrouvée. »

Ce raid est monstrueux par son bilan humain. Il est aussi terrible par ses propagations. Les terroristes filment. La panique. La tuerie. Peut-être même les viols. Morane terrée dans son fossé est filmée en direct par l'un des terroristes. Sur TikTok, la vidéo circule de Morane accroupie. Elle supplie les mains jointes. Le terroriste debout est rejoint par un autre. Ils jubilent en arabe. Le film dure quelques secondes, mais il fait le tour du monde.

« Je les suppliais de m'épargner. Quand le premier a fini de me filmer, il s'est penché vers moi. En voyant mon collier ethnique, il m'a demandé si j'étais arabe. En une fraction de seconde j'ai saisi ma seule chance. Je m'appelle Morane. Mais mon deuxième prénom, c'est Stella. C'est un prénom très répandu chez les Arabes. Il est italien, russe et aussi arabe. Alors j'ai répondu avec les deux mots que je connaissais. Mon prénom : Stella ; et *Ismi* : "Je m'appelle".

Ismi Stella ! Ismi Stella ! Je m'appelle Stella ! J'avais les mains jointes, je regardais ses pieds et je répétais ces deux mots pour qu'ils m'épargnent. Il y avait un autre Israélien accroupi près de moi. Et j'ai essayé de demander qu'on l'épargne aussi.

L'Arabe s'est contenté de tendre le bras. Il voulait qu'on lui donne nos téléphones portables. On les a donnés, bien sûr. Pendant que je tentais de faire croire que j'étais arabe, l'Israélien près de moi a dû penser que c'était le moment. Il m'a prévenue : "À la première occasion, je cours vite pour fuir. Prépare-toi." À ce moment-là, pour une raison que j'ignore, les deux terroristes sont partis. »

Morane s'est relevée. Elle s'est extirpée de son fossé. L'autre rescapé l'a suivie. Lentement. Calmement. Comme s'il s'agissait de reprendre leurs droits, d'effacer une erreur. Mais au bout de quelques pas, ils distinguent d'autres cris. Des hommes qui courent au loin. « *Allahu Akbar ! Allahu Akbar !* »

« Mon voisin a détalé. Il s'est mis à courir comme un fou. Je n'avais jamais vu ça de ma vie. C'était comme Bip-Bip, vous savez, dans le dessin animé, cet oiseau poursuivi par le Coyote. Mais bon. Je pense qu'il avait pris de la drogue. C'est à ce moment que j'ai compris que j'étais blessée. Je boitais en cherchant une autre planque. Mais il y en avait si peu. C'était si plat. Quelques arbres. C'est tout. »

Morane est épuisée. Elle marche péniblement. La douleur est atroce. Elle ignore tout du sort de ceux qui l'ont accompagnée. Son amie Sima. Les amis croisés là. Elle se retrouve seule au milieu de nulle part, dans ce champ sillonné par les tirs et les appels au meurtre des terroristes islamistes.

Elle parvient, tant bien que mal, à atteindre l'ombre d'un arbre. Elle se loge à ses pieds. La douleur est terrible. Elle s'assied comme elle peut pour soulager sa cheville.

Et ils sont arrivés.

« Cette fois, ils étaient dix. Pas deux, non. Dix. Ils se sont mis à pousser leurs cris. Ils hurlaient. Je me souviens de leurs visages. C'était affreux, comme dans un film d'horreur. Leurs têtes au-dessus de moi qui gueulaient comme des monstres. Et moi je leur répétais la même phrase : "Je suis arabe ! Je m'appelle Stella. Je suis arabe."

J'avais si peur de mourir. Ils m'ont demandé de me lever. Ils parlaient vite. Je captais quelques mots. Hamas. Israël. Hamas. Israël. J'ai compris que le Hamas venait de nous envahir. Je n'arrivais pas à le croire.

Et puis ils se sont mis à me poser des questions. J'étais moins attentive. J'ai répondu trop vite. J'ai commis une erreur. J'ai dû laisser entendre que ma mère était juive. Les autres ont poursuivi avec toutes leurs questions, mais j'ai vu que l'un d'entre eux avait bien entendu. Je l'ai supplié du regard de ne pas le dire aux autres. J'ai ôté mon collier pour lui donner. Et puis un bracelet. Et un autre. J'ai donné ces bijoux à un adolescent. Un enfant de quinze ans, seize ans. Un jeune Palestinien.

Et une voiture est venue.

Et ils m'ont prise en otage. »

Un héros très modeste

Yaïr Golan, né en 1962, est un homme d'honneur. Il a passé sa vie à se battre pour une idée : la sécurité de son pays ; l'avenir d'Israël. Il a été soldat. Il a participé à toutes les grandes batailles de ces quatre décennies. Il a été porté en haut de la hiérarchie : numéro deux de l'armée, chef d'état-major adjoint. Comme tous les hommes d'honneur, il parle avec son cœur. Il n'a plus supporté certains comportements, les vexations gratuites infligées à la population aux frontières, les abus des soldats contre les Palestiniens dans les territoires occupés. Il a dénoncé cela. Commandé des rapports. Exigé des renvois et des condamnations devant les tribunaux.

Le 4 mai 2016, pour le jour du Souvenir de la Shoah, le général Golan a été invité à faire un discours. Devant des centaines de personnes réunies au musée Yad Vashem de Jérusalem, il a rappelé d'emblée l'émotion éprouvée quand il s'était rendu un an plus tôt en Allemagne, près de Francfort, dans un petit village du nom de Gaukönigshofen.

Sa grand-mère est née là. Son père y a passé une partie de son enfance. Un petit musée s'y trouve. Il a été construit pour rappeler la mémoire des juifs qui y vivaient. À l'entrée du musée, il avait lu tous les noms de sa famille, victimes de la Shoah.

« La Shoah, déclare-t-il, doit nous conduire à nous interroger en profondeur sur la nature de l'homme, même quand nous sommes nous-mêmes cet homme ; elle doit nous conduire à nous interroger en profondeur sur les responsabilités de nos dirigeants, et sur la nature de notre société. Elle doit nous amener à une réflexion fondamentale sur la façon dont nous, ici et maintenant, traitons l'étranger, la veuve et l'orphelin, et tous leurs semblables [...]. Il n'est rien de plus facile que de haïr l'étranger, rien de plus facile que de semer la peur, rien de plus facile que la bestialité, le cynisme et l'autosatisfaction. »

Ce fameux discours a causé beaucoup de tort au général Golan. La droite nationaliste l'a qualifié de traître. Les leaders orthodoxes ont demandé sa tête. Golan a été remercié sans détour. Il a perdu son poste à la tête de Tsahal. Mais pas ses convictions.

Pour comprendre cette histoire, j'ai voulu le rencontrer, m'entretenir avec lui, recueillir son analyse et surtout son témoignage.

À soixante-deux ans, Golan est en bonne forme. Il fait un peu de sport. Il est mince. Élancé. Son visage est émacié, son regard clair et brillant, ses cheveux poivre et sel. Il habite Rosh HaAyin, une ville située à quelques kilomètres à l'est de Tel-Aviv.

« Ce qui s'est passé ce fameux 7 octobre, m'a-t-il dit, nous le devons à ces hommes, à tous ces religieux, ces ultranationalistes et au Premier ministre Benjamin Netanyahou. Ils ont affaibli la société israélienne. Ils ont porté atteinte à notre démocratie. Ils nous ont divisés. »

Ce fameux samedi noir, le général Golan dormait paisiblement dans sa modeste maison, sa femme près de lui. Le portable était en mode veille, le jour commençait. Depuis toutes ces années d'engagement militaire, il a pris l'habitude de se lever très tôt.

« Le samedi 7 octobre, j'ai tout de suite compris que quelque chose de très inhabituel était en train de se produire. Vers 8 heures du matin, j'ai prévenu ma femme, Ruthy, que je n'avais pas d'autre choix que d'aller voir l'armée pour comprendre ce qui se passait. J'ai enfilé mon uniforme, j'ai chaussé mes bottes et j'ai conduit tout droit vers le quartier général du front intérieur. »

Tout le monde dans l'armée se souvient de Golan. Un temps, il commanda ce quartier général, situé à quelques kilomètres au sud de Tel-Aviv. À Ramla.

« Dès que j'ai mis un pied dans la war room, j'ai vu de nombreux officiers assis autour d'une table. Des écrans partout. Des images aériennes d'Ofaqim, de Sderot [dans le sud d'Israël, près de la bande de Gaza]. C'était invraisemblable ! J'ai vu des terroristes en voiture qui conduisaient doucement et qui tiraient dans tous les sens avec leurs mitrailleuses. Je ne m'y attendais pas. Cela dépassait tout ce que j'avais vu et tout ce que je pouvais imaginer. Nous étions en danger. J'ai pris un fusil, un gilet pare-balles, un casque lourd et je suis parti vers le sud. »

Au volant de sa petite Toyota Yaris blanche, le général Golan file droit vers le désert du Néguev. Sur place, il retrouve les officiers de la zone sud. Mais il arrive trop tard. La bataille est perdue. Les dégâts, considérables. Les soldats s'efforcent de poursuivre les derniers commandos terroristes, tous ceux qui traînent encore dans les villes, dans les kibboutz, dans tous les lieux situés près de la frontière avec Gaza. Golan éprouve alors une tristesse abyssale.

« Mon téléphone a sonné. C'est ma sœur qui appelait. Elle m'a parlé du fils d'un ami, présent au festival Nova. Il était en panique. Il attendait les secours. Elle m'a demandé si je pouvais aider à extraire ce garçon. Je lui ai dit de m'envoyer sa localisation. J'ai jeté un œil sur Google Maps. »

Le jeune homme serait caché près de la route 232 qui longe une partie de la frontière israélienne avec la bande de Gaza. Là-bas, c'est le chaos. Des centaines de voitures brûlent encore sur l'asphalte. Des terroristes rôdent. Il est déjà midi, mais la traque se poursuit.

« Le fils de cet ami était plus à l'est, à quelques centaines de mètres. J'ai pris toutes les infos. Je connais bien le Néguev. C'était faisable. Mais seul, car tous nos soldats étaient engagés. »

Golan reprend le volant. Seul sur cette maudite route, il n'aurait aucune chance d'accéder à la zone ou même d'en sortir. Il emprunte les chemins avec sa petite voiture qui n'est pas faite pour ça. Tout en conduisant, il passe des appels pour tenter de joindre l'objectif. Mais le jeune ne répond pas. Il a sans doute trop peur. Il a dû couper le son.

Golan écrit un rapide message. Il reçoit une réponse : le garçon est encore là-bas. En approchant du but, il voit des étendues champêtres à perte de vue. Quelques buissons épars. Une vaste tranchée. Comment le retrouver ?

Son portable dans une main, son fusil dans l'autre, Golan laisse sa voiture à l'abri d'un muret. Il appelle le garçon. Une fois. Deux fois. Dix fois. Il arpente la zone en épiant ce qui viendrait. Des terroristes en armes. Des mortiers. Des roquettes. Il a vu les images sur les écrans dans la war room du quartier général du front intérieur. Les terroristes du Hamas à bord d'ULM, de deltaplanes, et certains qui tiraient depuis les airs. Déjà en 1987, des militants palestiniens avaient attaqué des troupes israéliennes en Galilée, près de la frontière avec le Liban. On appela cela « la nuit des deltaplanes ». Golan sait tout cela. Il s'en souvient. Il y était.

Dans ce champ du Néguev, le général progresse prudemment. En regardant bien devant, derrière, à droite, à gauche et au-dessus de lui. Il lance quelques appels pour tenter de débusquer le garçon.

« Il se méfiait tellement qu'il n'osait plus répondre. J'étais vraiment tout près. Je répétais : "C'est bon. C'est moi. Je suis Yaïr Golan. N'aie pas peur." Soudain, j'ai vu surgir trois gamins des buissons. Ils étaient en état de choc. »

Les trois festivaliers le rejoignent en courant. Golan les rassure. Il leur montre la voiture pour leur faire comprendre qu'il va les sortir de là. Il reste très prudent. Il sait que des terroristes sont encore dans le coin. Il démarre puis les sonde. Par chance, les jeunes vont bien. Ils ont vingt ou trente ans. Ils ne sont pas blessés.

« J'ai roulé jusqu'à Mishamar-Haneguev, une ville située au nord, à près de vingt kilomètres. Mais pendant que je roulais, j'ai reçu un autre appel. Cette fois, il venait d'un journaliste célèbre, Nir Gontarz [journaliste au quotidien *Haaretz*]. Lui aussi venait d'apprendre que j'étais dans le coin. Son fils, Amir, était planqué quelque part dans la zone. »

Cela fait des heures que ce père cherche désespérément un moyen de sauver son fils. Dès le matin, très tôt, il avait reçu ses appels au secours : « Papa, ils me tirent dessus ! Ils nous tirent dessus ! »

Le journaliste s'affole. Il lui demande où il est. Son fils de vingt-trois ans se géolocalise. « Ils sont deux cents, papa. Ils viennent tous vers nous. »

Le père roule vers le sud. Mais l'armée fait barrage. Impossible de passer. Sur les réseaux sociaux, il évoque la situation des festivaliers en général et de son fils en particulier : « Mon fils est actuellement cerné de pelotons d'exécution. Il n'y a ni armée ni police. Il n'y a que des terroristes. »

Pendant quelque temps, Nir Gontarz parvient à garder le contact avec son fils.

« Gontarz m'a dit qu'il savait où il était. Je lui ai demandé de m'envoyer sa localisation. »

Le général Golan dépose les trois garçons sauvés et replonge en enfer. Combien de commandos ? Combien de soldats engagés ? Combien de victimes ? Personne ne sait vraiment ce qui se passe dans le Sud. Lui sait juste qu'ils étaient quatre mille festivaliers attendus par les organisateurs de ces deux jours de fête. Il a vu des dizaines de corps gisant sur l'immense terrain vague. Il a reçu des messages qui annoncent des centaines de morts. C'est une estimation du quartier général du front intérieur. Peut-être quatre cents morts, rien que sur le festival. Mais personne ne prononce encore le mot « otage ». Personne ne peut se douter de ce qui se passe vraiment. C'est dans ce brouillard-là que le général se jette. Il cherche le jeune Amir.

« Quand j'ai reçu la localisation de son père, j'étais mal. Il semblait se cacher à l'est de la route 232, à deux kilomètres. Mais c'était imprécis. Impossible de connaître sa cachette. Par chance, je me souvenais de ce que j'avais vu. Je m'étais fait une idée assez précise des lieux. Je suis entré dans les champs et j'ai essayé d'établir un contact direct. Je l'ai appelé plusieurs fois. Et il m'a répondu. »

Le général s'approche. Le sentier est bloqué par une barrière. Il comprend qu'Amir se terre à une centaine de mètres plus au nord.

« Je l'ai rappelé pour lui dire : "Écoute Amir, je sais que t'es planqué sous les arbres. Marche vers le sentier le plus proche. Regarde sur ta droite, tu verras une voiture aux phares allumés. Tu la vois ?"

Il m'a répondu oui ! Je lui ai dit : "Cours. Cours aussi vite que tu peux. C'est ma voiture. Vas-y !" Et c'est ce qu'ils ont fait. Car là non plus il n'était pas seul. Ils étaient deux. Amir et son ami. Eux aussi, je les ai déposés à Mishamar-Haneguev. »

Chemin faisant, soulagé d'avoir sauvé deux jeunes garçons de plus, le général Golan reçoit un nouvel appel téléphonique. Cette fois, c'est une femme. Son fils Yuval est aussi coincé dans cet enfer.

Une fois de plus, calmement, Golan lui demande de lui envoyer sa localisation. « Et c'est ce qu'elle a fait ! me dit-il. Et je suis retourné dans cette zone de guerre. Mais cette fois, le message indiquait une position située de l'autre côté de la route 232, à l'ouest, entre la route et la bande de Gaza, dans une zone encore plus sensible. »

Le général roule doucement vers les lieux. En chemin, il traverse le kibboutz de Reïm. Les soldats israéliens sont déjà sur les lieux. Ils se battent contre les terroristes. Il roule très doucement sur la 232 en remontant vers le nord. Il découvre tous les corps allongés sur la route.

« C'était abominable. »

Un véhicule militaire s'avance sur sa droite. Le général fait signe au blindé, qui s'arrête. L'officier engagé est un homme qu'il connaît. Les deux se saluent. Golan lui demande de l'escorter plus haut pour tenter de sauver le dénommé Yuval. L'officier accepte et s'installe sur le siège passager de la petite voiture.

En arrivant tout près, les deux hommes descendent et appellent le garçon. « "Yuval ! Yuval ! C'est nous !

Tsahal. Sort ! On va te sortir de là ! Yuval !" Et puis j'ai vu un homme sauter du haut d'un arbre. »

Cet homme, c'est Yuval, il n'est pas très loin. Il saute par-dessus une barrière et se réfugie à l'arrière de la voiture.

« Et voilà, conclut humblement le général Golan. Ça faisait six ! »

Golan aura fait trois fois le voyage, cette journée. Il aura exfiltré six garçons d'une zone de guerre. Mais il insiste longuement pour que je ne le considère pas comme un héros. Il désapprouve ce terme. Pas pour lui. Non. Pas lui.

« Les vrais héros ce sont les soldats qui ont affronté ces terroristes. Les gens dans les kibboutz qui les ont combattus. Les vrais héros ce sont les mères qui ont protégé leurs enfants des griffes du Hamas. Voilà les seuls héros. Mon histoire est modeste comparée à la leur. »

Pourtant, le nom de Yaïr Golan est redevenu célèbre. Il était le « traître de gauche ». Aujourd'hui, il dirige le Parti travailliste et le pays le considère comme l'un de ses héros. Insistant sur ce mot, le général rougit.

« Vous savez, Sébastien, j'ai beaucoup combattu. Samedi 7 octobre, j'avais peut-être une arme sur le siège passager, mais je n'ai pas tiré une seule fois de la journée. »

Ce que Golan ne peut savoir, c'est qu'il laisse derrière lui, parmi toutes les victimes qui jonchent cette affreuse route, un garçon et une fille près d'une grosse voiture.

Le garçon s'appelle Elya Toledano. Il a vingt-huit ans. Il aime la fête, les festivals. D'ailleurs, c'est son métier : il organise des événements autour des mariages et des fêtes religieuses.

La fille cachée près de lui à l'abri de ce quatre-quatre s'appelle Mia Schem. Elle est franco-israélienne, comme Elya. Elle a vingt et un ans. Elle a de longs cheveux châtains et de très beaux yeux clairs. Sa bouche est un mystère. C'est sa meilleure amie. Elle adore danser. Mais là, cette fois, elle se terre. Elle ose à peine bouger. Les terroristes approchent. Ils viennent de tirer une rafale vers eux. Le réservoir de la MG est touché.

Elya craint qu'elle explose. Il faudrait qu'ils s'éloignent. Mais comment ? Par où partir ?

Une nouvelle balle ricoche sur la carlingue noire et provoque une étincelle. Le réservoir percé laisse s'écouler de l'essence. L'étincelle est si près du filet qui s'écoule que le carburant prend feu. Une flamme bleue, brûlante, s'infiltre dans le tuyau, atteint le réservoir. Elya avait raison. Sa grosse MG va exploser.

Mon frère

Il faut bien du courage pour rompre les amarres, tenter de suivre sa voie, se frayer un chemin. Daniel et son petit frère, Elya, l'ont fait. Coude à coude. Cœur à cœur, ils ont suivi une route en marge de leur famille. Mais le moindre faux pas, quand l'histoire vous rattrape, peut coûter très cher.

Daniel et Elya Toledano sont issus d'un milieu très religieux, juif-orthodoxe. Des parents nés en France. Une enfance à Bnei Brak, la ville des hommes en noir. Des années de yeshiva à n'étudier que le Talmud. Et puis la tentation des fêtes à Tel-Aviv, d'une vie chez les laïcs.

Dans son appartement de Tel-Aviv, le samedi 7 octobre, Daniel Toledano se réveille tard. Il est sorti la veille. Il a passé une partie de la nuit chez son petit frère, Elya, qui recevait des amis. Il y avait du monde, de la musique, à boire. Bref, de quoi s'amuser.

Daniel est rentré tôt. À trente-deux ans, il a toujours des remords de faire la fête les soirs de shabbat. C'est plus fort que lui. C'est son éducation.

D'ailleurs quand il me parle, Daniel se balance d'avant en arrière, comme font les juifs pieux en prière. Il psalmodie ses souvenirs.

Il est déjà 10 heures, quand Daniel se réveille.

« J'ai pas de télévision. Et je ne suis pas sur Instagram, sur Facebook et tous ces trucs-là. Je ne pouvais pas savoir ce qui se passait dans le Sud. Une amie m'a appelé pour m'alerter. Elle m'a dit que c'était grave et elle m'a conseillé de bien rester chez moi. »

Daniel n'est pas inquiet d'entendre parler d'attaque. Les tirs de roquettes sont fréquents. Ils font presque partie du quotidien. Il se sent à l'abri sous le fameux « dôme de fer » qui protège les grandes villes.

Daniel poursuit sa routine matinale. Trois quarts d'heure plus tard, son téléphone sonne.

« Y a un truc grave dans le Sud. Reste chez toi, Daniel. Ne pars pas. Ne bouge pas. »

Comme il peine à comprendre, son interlocuteur lui adresse une dizaine de photos. Des cadavres de civils gisant dans le désert. Et aussi d'autres images de soldats dans leurs lits, morts décapités.

« J'ai regardé mon téléphone. Sur Internet, j'ai vu qu'il y avait un festival dans le Sud, une immense rave-party. Et j'ai immédiatement tenté de joindre mon frère. »

Elya ne répond pas. Les messages WhatsApp ne sont pas distribués. Daniel se rassure. Il sait que son petit frère n'aime pas la musique trance.

Or cette rave-party repose pour l'essentiel sur de la musique trance. Elya est sûrement ailleurs. Il connaît tellement de monde ici à Tel-Aviv.

Le doute est là, pourtant. L'inquiétude de Daniel grandit. Il passe d'autres appels. Sans succès.

« J'ai senti quelque chose. Une mauvaise intuition. Il fallait que j'aille voir chez lui. Il était peut-être allé à ce fameux festival… »

Daniel prend sa voiture et se rend chez son frère. Tout le long du chemin, il échafaude des hypothèses. Si le vélo d'Elya est là et que la voiture n'y est pas, c'est qu'il est dans le Sud. Si son vélo n'y est pas, c'est que son frère est en ville.

« Quand je suis arrivé, le vélo était accroché. Mais sa MG, une super bagnole noire avec des fauteuils en cuir rouge, un truc super sexy, elle n'y était plus. C'était la catastrophe. J'ai frappé à sa porte. J'ai fait le tour des fenêtres pour voir à l'intérieur. »

Daniel réfléchit. Y est-il ? Comment savoir ?

Puis en quelques secondes, il télécharge l'application Instagram, s'inscrit et se met à éplucher les comptes de leurs amis communs. Il adresse des messages privés aux proches de son frère. Au bout de quelques minutes, une première réponse tombe.

Hi Daniel, où est Elya ?

« Je lui ai répondu qu'il n'était pas chez lui et que je n'avais pas de nouvelles. »

Il est au festival. Il est au festival !

Il est déjà 16 heures. Daniel poursuit son enquête en espérant le joindre, même indirectement. Il appelle alors tout le monde pour faire l'inventaire de tous ceux qui auraient pu se trouver avec Elya dans le Sud. Qui y serait encore ? Qui en serait revenu ?

Daniel pense à Mia. Il sait bien que cette jeune fille est l'amie de son frère. Sa grande amie. Tous deux forment un tandem. Ils sont inséparables. Ils vont aux mêmes soirées. Ils ont les mêmes goûts. Daniel l'aime beaucoup. Si son frère était au festival, elle s'y trouvait aussi.

Daniel appelle la mère de Mia. Cette dernière ne sait rien. Elle n'a pas de nouvelles. Aucune. Sa fille ne répond plus à ses nombreux appels.

« Nous nous sommes accordés. Je lui ai dit que le premier de nous deux qui aurait des nouvelles appellerait tout de suite l'autre. Il fallait qu'on s'entraide. On ne savait rien de rien. Plus tard, j'ai compris que mon frère et Mia avaient débarqué au festival vers 3 heures du matin. À 6 heures, quand les premières roquettes ont commencé à tomber, mon frère a tout de suite dit qu'il fallait se tirer de là. Ils ont essayé de s'enfuir. »

Cette information, Daniel la tient d'un message que son frère aurait adressé au DJ de Supernova. Il fait de son mieux pour retracer les faits. Plus tard, il apprendra qu'Elya et Mia avaient tenté de s'enfuir, mais que les terroristes s'étaient interposés. Ils leurs bloquaient la route. Ils ont tiré sur eux. Sur le pare-brise et les vitres.

« Ils n'ont pas fait ça pour les kidnapper ! Ils visaient pour les tuer. Comme mon frère continuait à avancer, les terroristes se sont mis à tirer dans les roues. C'est comme ça qu'à la fin la voiture s'est arrêtée. Et puis ils sont sortis se mettre à l'abri. Ils se sont accroupis contre la carrosserie. Mais mon frère a compris qu'il ne fallait pas rester. Que sa grosse bagnole pourrait bien exploser ! »

Sur l'écran de son portable, Daniel me montre des images. C'est la fameuse voiture. Il s'est rendu sur place pour constater les faits. La carrosserie n'est plus qu'une carcasse blanchie. Ses vitres ont disparu. Tous les pneus ont fondu. Elle gît sur un talus, sur le bas-côté de la route, la route 232.

« Mon frère et Mia ont vu des choses terribles. Les tirs. Les tueries. Les terroristes s'acharner sur les corps. Je tiens cela de témoins. Mia a pris une balle pendant qu'ils se cachaient. Dans le bras. Il l'a vue s'effondrer. Je suppose que mon frère a pensé un instant qu'elle n'y survivrait pas. Mia est restée consciente, mais elle était blessée. »

D'après ce qu'on lui a dit, un premier terroriste aurait fait le tour du véhicule. Il aurait saisi Elya et l'aurait emporté.

D'autres sont venus plus tard. Quand ?

« On ne sait pas », répond-il.

Mia est restée seule, cachée derrière la voiture, jusqu'à ce qu'ils l'emmènent, elle aussi, à Gaza.

Elya Toledano et Mia Schem font partie des centaines d'otages enlevés ce jour-là. Leur nombre précis ne viendra que plus tard, des semaines plus tard, quand les autorités pourront distinguer les morts, les disparus et les otages.

Dans la bande de Gaza, c'est la jubilation. Mia, Elya, Morane et tous les autres sont des trophées de guerre.

Les hommes du Hamas sont célébrés comme des héros de la résistance palestinienne.

En Israël et dans une grande partie de l'opinion occidentale, c'est la consternation. Les morts sont dénombrés. Les corps sont rassemblés, tant bien que mal. On évoque quelques noms de personnes disparues. Le mot « pogrom » commence à circuler.

#Ramenez les otages à la maison, maintenant !

Au cœur de Tel-Aviv, le musée d'Art moderne et contemporain. À ses pieds, une vaste esplanade. Et en face, en regard, le siège de l'état-major de l'armée israélienne.

Un homme flanqué de son chien arpente la place. Il tient une pancarte. Quatre noms sont écrits dessus. Celui de sa femme et de ses trois enfants, tous portés disparus.

Ce père de famille n'a plus de nouvelles d'eux depuis l'attaque meurtrière du Hamas. Il voudrait savoir s'il a le droit d'espérer. Il crève d'inquiétude. Il se meurt pour les siens. Il a passé des heures à tenter de joindre Tsahal, l'armée israélienne. Il a tout essayé pour tenter d'obtenir des bribes d'informations. Mais rien. Pas de réponse. Pas la plus petite info.

Des passants qui le voient se dirigent vers lui pour l'embrasser. Une femme le rejoint. Son visage est défait. Elle aussi a perdu sa fille depuis l'attaque. Pas de nouvelles non plus.

À la fin de la journée, ils sont une dizaine brandissant des banderoles sur lesquelles sont inscrits les noms de leurs proches. Ils crient, hurlent et pleurent. Ils exigent une réponse des autorités. Qu'est-il advenu de leurs fils, de leurs filles, de leur père, de leur mère, de leurs grands-parents ou de leurs petits-enfants ?

Depuis le dimanche matin, dès le lendemain de l'attaque, les services médicaux estiment à mille quatre cents le nombre des victimes. Celui des disparus reste encore incertain. Qui a été enlevé ? Quel corps a disparu ? Les fouilles sont en cours. Les décombres abondent.

C'est sur cette esplanade que, chaque soir depuis le drame, les familles se retrouvent.

La sœur de Morane.

Le frère d'Elya.

La mère de Mia.

Le général Golan apporte son soutien. Il a déjà posté un message vidéo sur Facebook. Mais il fait plus que ça. Il paye de sa personne pour tous ceux qu'il n'a pas pu aider, pour tous ceux qu'il n'a pas pu géolocaliser.

Le Hamas diffuse des images de ses prises. Des visages paniqués. Des suppliques. Des corps. Des coups. Des blessés. Des scènes déchirantes qui passent sur toutes les plateformes et sur toutes les ondes.

Deux jours après le drame, lundi 9 octobre, l'idée d'un accord est déjà dans les airs. L'agence de presse Reuters précise son origine : « Des médiateurs qataris ont lancé un appel urgent pour établir les bases d'une négociation afin de libérer les femmes et les enfants israéliens kidnappés [...]. Le ministre qatari des Affaires étrangères confirme son implication dans ces pourparlers entre le Hamas et les autorités israéliennes visant un possible échange de prisonniers. »

Le Qatar s'implique. Le Hamas propose. L'idée d'une liste à bel et bien germé. Une liste sur laquelle figurerait le nom des otages libérables en échange de prisonniers palestiniens. La nouvelle est reprise par toutes les agences. Mais pour quel résultat ?

Quelques heures plus tard, ce même lundi 9 octobre, le Premier ministre israélien Benjamin Netanyahou prononce un discours radio télévisé : « Nous sommes en guerre pour défendre notre maison, dit-il. C'est une guerre pour notre survie. Une guerre que nous allons remporter. Nous avons face à nous un ennemi abominable. Ce sont des animaux humains qui s'en prennent à des vieux, à des enfants. Ce que le Hamas a fait nous ne l'avions pas vu depuis les horreurs de Daesh. Des jeunes tués d'une balle dans le dos. Ce sont des exactions avec ces horreurs que je ne vais pas décrire. Mais maintenant, le monde entier sait. Le Hamas c'est Daesh, et nous allons vaincre le Hamas, comme le monde éclairé a vaincu Daesh. Cet ennemi abominable a provoqué la guerre, il va maintenant la subir. »

Le mot « liste » n'est pas cité. Le mot « négociation » ne fait pas partie du discours de Netanyahou. Pas la plus petite allusion. Pas le moindre signe d'espoir pour les familles privées d'un des leurs.

Le terme de « guerre » y figure bien. La revanche est évoquée. La colère structure ce discours officiel. Netanyahou se dresse, martial et radical. Le pire se profile.

Pour les familles d'otages, c'est un moment de panique. Au deal éventuel, on répond par des bombes. Dès les premiers jours, Gaza est pilonnée, sans interruption. Pourtant, ces otages pourraient bien s'y trouver. Des images le prouvent sur les réseaux sociaux : des scènes de liesse folle accueillant les civils capturés.

Sur l'esplanade devenue la « place des otages », les familles s'unissent autour du même slogan : Ramenez-les à la maison, maintenant ! *Bring them home, now !* La formule se répand. Compactée en hashtag, elle est devenue virale. Les familles des otages ne quitteront plus cette place tant que leurs proches ne seront pas ramenés à la maison. Maintenant !

C'est vers cette esplanade que je me rends d'emblée. Tout le monde la connaît. De grands panneaux blancs érigés tout du long sont recouverts d'affiches. Des centaines de portraits d'otages israéliens. Chacun a sa photo. Un nom, un prénom, et le fameux slogan en rouge sur fond noir : Ramenez-le ou ramenez-la, maintenant !

À l'entrée, près de l'avenue, un artiste a sculpté des dizaines d'oiseaux. Une pianiste s'installe devant un piano jaune. Au fond, une immense table est couverte d'une nappe blanche. Plus de deux cents couverts, des bouteilles de vin et des petits cadeaux parsemés, çà et là. C'est la table du shabbat avec ses chaises vides. Elle n'attend plus que ses hôtes. Pourvu qu'ils reviennent vite !

Au fond, près de l'entrée du musée, des tentes sont dressées, ouvertes à tout le monde. Des rescapés s'y retrouvent, par village, par kibboutz. Ils s'installent tous en rond et évoquent leur drame, partagent leurs inquiétudes pendant qu'un rabbin lance une nouvelle prière. La voix de ce dernier porte assez loin et assez fort pour couvrir la musique du groupe qui joue derrière.

Au milieu de ce tumulte, je retrouve Émilie Moatti.

Je la connais de loin, juste par téléphone. Je suis content de la voir. C'est une femme élégante. De longs cheveux noirs tombants. De grandes billes d'yeux très bleus.

Je lui demande comment elle va.

Elle fait non de la tête, et plisse son front très pâle.

« On ne pose pas cette question. On ne peut plus la poser. »

Je me trouve tellement bête !

« Allez, viens, coupe-t-elle, faut que j'aille m'acheter des clopes. »

Faire quelque chose

Le matin de l'attaque, Émilie Moatti est déjà réveillée. Cela faisait des mois qu'elle avait pris l'habitude de se lever aux aurores, pour écrire.

Émilie est l'autrice d'un roman à succès, *Marques bleues*, couronné de nombreux prix. Le matin du 7 octobre, elle peaufine les épreuves de son nouveau roman, l'histoire d'une prostituée qui paye un inconnu pour venir la masser.

Vers 7 heures, les sirènes retentissent. Les oiseaux se sont tus. Elle regagne sa chambre où dort son mari. Daniel Shek a été diplomate. Pendant quatre ans, entre 2006 et 2010, il fut l'ambassadeur d'Israël en France.

Il dort à poings fermés. Mais Émilie insiste. Il émerge et se retourne. Il dit qu'elle doit se tromper. Pourtant, elle est bien sûre de les avoir entendues.

Quand elle ne donne pas de cours sur la littérature ou qu'elle n'écrit pas des éditoriaux dans le journal *Haaretz*, Émilie Moatti fait de la politique.

Elle a été députée progressiste. Elle est toujours inscrite sur le groupe WhatsApp du Parti travailliste.

Ce samedi matin, elle y jette un coup d'œil. Non, elle n'a pas rêvé. Il se passe quelque chose. C'était le bruit des sirènes, et d'autres retentissent dans d'autres villes du pays. À Jérusalem, à Sderot, à Ashkelon, et dans les petites villes qui environnent Gaza.

« J'ai lu des témoignages affolants de partout. J'ai compris que des terroristes étaient dans les kibboutz. »

Son mari se réveille. Tous deux vont se réfugier dans une pièce sécurisée, aux murs renforcés et à la porte blindée. Depuis la fin des années 1990, ces pièces sont devenues obligatoires. On appelle ça des *mamad*.

« On y est restés longtemps, se rappelle Émilie. Il y a eu de nombreuses alertes. Et puis, mon portable a sonné. L'amie d'une amie, qui habitait en France, cherchait à joindre son enfant. Elle paniquait. Elle recevait les nouvelles. Des images affolantes provenant d'Instagram. Les jeunes du festival Supernova étaient sous une pluie de bombes. Les terroristes du Hamas venaient de les prendre pour cible. La pauvre. Mon amie était loin et l'enfant était injoignable. J'ai lancé des appels. Un ancien député m'a dit que le général Yaïr Golan, l'ancien numéro deux de Tsahal, était déjà sur les lieux. Alors je l'ai appelé. »

Des histoires comme celle-ci, il y en a eu beaucoup pendant ce samedi noir. Des héros anonymes.

Des victimes par centaines. Quelques miraculés. Pour Émilie Moatti, ce fut un tournant.

« Ce matin-là, j'ai tout de suite compris que ma vie allait changer. »

Émilie est venue sur la « place des otages ». Elle vient soutenir les uns et écouter les autres. Elle se demande surtout ce qu'elle pourrait bien faire pour tous ceux qui manquent, les disparus, les otages. Elle reçoit des appels de ses amis députés, de ses amis diplomates, de ses amis journalistes. Un de ces appels vient d'un homme d'affaires qui souhaiterait s'impliquer. Il dispose de locaux près de la place en question. Ils pourraient bien servir à aider ces familles, abriter leurs rencontres, servir de point de relais pour toutes sortes de services et de conseils.

C'est ainsi que le Forum des familles a vu le jour. Il est situé à deux pas de la place, rue Léonard-de-Vinci, en face de l'état-major. Symbolique. Aux bombes réclamées en priorité par le Premier ministre Netanyahou, les familles répliquent par des posters, des appels à la libération, placardés sur les murs de ce quartier général. Pour elles, la priorité n'est pas la guerre, c'est le retour des leurs. Mais le Premier ministre se montre inflexible. Il n'a pas le même but.

Au cours d'un tête-à-tête dans un café de la ville, Émilie Moatti me confie sa vision de son Premier ministre. Elle tient en une phrase : « Benjamin Netanyahou est la pire chose qui soit arrivée dans toute l'histoire du sionisme. »

Ce ne sera pas la seule à me tenir ce discours.
La faille sécuritaire.
La réaction tardive et disproportionnée.
L'espoir impossible d'une négociation.
La division de toute la société.
Les ultraorthodoxes contre la gauche progressiste.
Les tenants de la guerre contre les forces de la paix.
Le peuple coupé en deux et l'avenir improbable.

Au Forum des familles, Émilie s'active. Les bureaux alloués à la cause des otages occupent les trois derniers étages d'une start-up. On y prodigue toutes sortes d'aides précieuses. Une écoute bienveillante. Des conseils juridiques. Un soutien psychologique. Une gestion de la presse qui vient du monde entier. De salons de repos et des repas gratuits.

« C'était de la folie, se souvient Émilie. Il y avait là des centaines de journalistes qui voulaient interviewer les proches des victimes, visiter leurs maisons, les kibboutz, tout voir, filmer, savoir. »

Elle y a mis de l'ordre. Elle s'est interposée. Ce n'est pas son domaine, mais elle parle plusieurs langues, un anglais impeccable, un français très correct, et baragouine l'arabe.

« Et toi qu'est-ce que tu veux ? » me demande-t-elle, soudain.

Raconter leur histoire.

Émilie a fini de téter ses cigarettes. Le cendrier est plein de mégots d'extra-fines. La nuit vient de tomber. Elle tombe vite, en hiver. Il est à peine 19 heures. Émilie doit rentrer chez elle. Ses deux filles l'attendent. Elle promet de m'aider. Mais avant, elle voudrait que je fasse un peu mon chemin, que je retourne sur la place, que je m'y perde sans doute, que je m'en imprègne sûrement.

Elle écrase sa clope. Je me range à son avis.

Les colombes de Beeri

Les couleurs de la paix

Des semaines après le drame, la « place des otages » est encore noire de monde. Un groupe de jeunes gens, accroupis, chantent en rond. Un écran géant décompte le nombre de jours, d'heures et de secondes de captivité des otages.

Dans la foule je remarque des femmes en chemise blanche ou bleu clair qui portent une écharpe turquoise. Elles sont quelques-unes noyées parmi les autres. Elles convergent vers un point situé près de l'écran. Une petite estrade est dressée et, dessus, trône un grand chandelier à sept branches, la fameuse menora, antique symbole du judaïsme.

L'une monte sur scène. Elles sont plus d'une centaine massées pour l'écouter. Quelques soldats en armes sillonnent la vaste place. Je remarque aussi des pères qui tiennent la main de leurs gosses. Ils portent des sweat-shirts et un fusil dans le dos. J'oubliais, c'est la guerre.

J'ignore tout du nom et du propos de celle qui se tient devant le micro. Elle a la soixantaine. Des lunettes. Des cheveux courts. Je m'approche d'une femme qui me murmure un nom et poursuit en hébreu. J'ai un sourire gêné. Elle aussi. Je ne parle pas l'hébreu. Elle ne sait pas l'anglais. Je poursuis vers une autre. Cette fois j'ai plus de chance. Elle m'explique qu'elles sont là pour rendre hommage à l'une des leurs.

Toutes ces femmes en turquoise sont ici pour la paix et pour Viviane Silver, assassinée le 7 octobre.

« Nous sommes des pacifistes. Des activistes de la paix. Certains nous qualifient de "peaceniks". Je n'aime pas trop l'expression, ça fait un peu beatniks, mais c'est à peu près cela, tout le folklore en moins. Nous sommes les femmes de Women Wage Peace [une association de femmes pour la paix]. Et Viviane Silver était l'une des nôtres. Nous sommes là pour elle et pour tous nos otages. »

La foule répète le mot lancé par l'oratrice : « *Akhshav ! Akhshav !* »

Ma voisine hoche la tête.

« Il faut qu'on les ramène. *Akhshav !* précise-t-elle. Ça veut dire : "Maintenant !" C'est la priorité. »

Le visage de ma voisine prend deux teintes de gris. Sa bouche forme un pli. Son menton tremble et se crible. Elle se frotte l'œil pour effacer une larme.

« Ça fait du bien de pleurer. C'est pour elle qu'on est là. Pour pleurer notre Viviane. C'était une grande dame. On a cru au début qu'ils l'avaient enlevée. Et puis, au bout de deux jours, les médecins légistes ont identifié son corps. Elle est morte chez elle. Assassinée par le Hamas. Elle nous manque tellement ! Mais il faut continuer », dit-elle en montrant sa longue écharpe turquoise.

Je lui demande son nom. Elle s'appelle Angela Scharf. La soixantaine passée, les cheveux courts, châtain clair, les yeux qui semblent bleus malgré l'obscurité, un vague accent allemand qui trahit ses racines viennoises. Elle vit à Tel-Aviv depuis plus de trente ans. Angela a bossé des années dans le textile avant de revêtir les couleurs du mouvement : ciel et blanc.

Elle se souvient de cette dernière marche avec Viviane Silver et toutes les militantes. C'était le 4 octobre, trois jours avant le massacre. Elles marchaient pour la paix.

Angela me montre les photos sur l'écran de son smartphone.

« C'est là. Vous voyez ? Cette allure détachée. Mais elle avait du cran. Elle savait se montrer ferme. Elle avait tant de charisme. »

Elles étaient mille cinq cents pour cette marche pour la paix. Elles s'étaient démenées pour décrocher une centaine de permis à des Palestiniennes, pour qu'elles puissent traverser la frontière de la Cisjordanie et marcher avec elles. Elles avaient fait de leur mieux. Les femmes palestiniennes étaient venues les rejoindre à Jérusalem et puis elles avaient marché ensemble jusqu'aux rives de la mer Morte.

Les Palestiniennes ont leur propre mouvement, Women of the Sun. Mais elles se retrouvaient souvent avec les militantes israéliennes de Women Wage Peace.

« Au début, on se rencontrait en petit comité. On était très discrètes. Elles aussi. On se retrouvait à Beit-Jala, en Cisjordanie. C'est tout près de Bethléem. Les premières réunions étaient vraiment tendues. Chacune portait un combat, des deuils, des tristesses. Il a fallu du temps pour qu'on trouve nos marques. Mais ce temps, on l'a pris. Et au fil des mois, je crois que la confiance est venue. On est devenues amies. Je me souviens de l'une d'elles. Layla al-Sheikh. »

La première fois qu'elle l'a vue, Layla a raconté son histoire. Atroce. Son enfant de six mois se trouvait dans ses bras quand elle a traversé des gaz lacrymogènes lancés par l'armée israélienne. Son fils s'est senti mal. Il toussait. Il avait du mal à respirer. Layla s'est dépêchée de se rendre aux urgences, à l'hôpital palestinien de Bethléem. Sur le chemin, un check-point flottant s'est dressé. Des soldats israéliens les ont obligés à se dérouter. Elle a dû se diriger vers un autre hôpital, plus loin, Angela ne sait plus où. Un autre check-point. D'autres soldats. Et son petit près d'elle qui respirait de plus en plus mal. Ils ont perdu du temps. Quand Layla est parvenue à confier son nourrisson au médecin, il était trop tard. Il est mort peu après.

« Je me souviens encore du visage de Layla. Elle était bouleversée. Pendant des années, elle a voué à Israël une profonde haine. Et puis, elle a croisé une femme de notre mouvement. Elle a trouvé les mots. Elles ont pu se parler. »

Ensuite, Layla s'est mise à marcher avec elles. Elle a participé à la fondation des Women of the Sun. Elles étaient toutes ensemble, le 4 octobre dernier.

« Depuis, j'ai peu de nouvelles. Je sais que c'est difficile, pour elles comme pour nous. Quelques-unes ont pu venir aux funérailles de Viviane. Mais très peu. Ce n'est pas simple pour elles après ce qui s'est passé. Et puis, pour nous non plus. »

Au bout de quelques minutes, Angela se détourne. Les discours se poursuivent. Elle voudrait écouter ce qui va être dit. Mais avant de me quitter, elle me demande si je connais le fils de Viviane Silver.

« Il s'appelle Jonathan. Vous devriez l'appeler. »

Le souvenir de Rabin

Le lendemain, je longe la longue promenade qui borde la côte à Tel-Aviv. Le soleil est radieux. C'est l'été en hiver. Des jeunes surfent les vagues. Des vieux font du yoga. Un bonhomme torse nu traîne sa maigre silhouette en courant sur le sable. Une allure de prophète en petite foulée. Image de carte postale. La guerre semble effacée.

Un bruit strident retentit.

Soudain, tous les passants allongent vivement le pas. Une voiture pile au milieu d'un carrefour. Son passager s'en extirpe pour se mettre à l'abri. Je perds quelques secondes à prendre la mesure. C'est une sirène d'alerte. Le fait est confirmé sur l'écran de mon smartphone par notification de la presse locale.

La promenade s'est vidée. La plage est un désert. Même les surfeurs ont renoncé à leurs vagues. Je me réfugie dans l'entrée d'un immeuble pris d'assaut, dans l'escalier duquel s'entassent des inconnus. Je me presse contre eux. Une femme hoche la tête et m'adresse en hébreu des mots d'un ton de reproche. Elle comprend que je ne comprends pas. J'entends un premier boum qui éclate dans le ciel. Puis un second. Et un autre. Trois petites explosions qui laissent trois nuages minuscules dans l'azur. *Trois roquettes tirées depuis la bande de Gaza sur Tel-Aviv*, notifie mon smartphone.

Les sirènes se taisent. C'est la fin de l'alerte. Je m'apprête à repartir, mais une âme charitable me fait signe d'attendre. Quelqu'un prend le soin de traduire : « Attendez dix minutes que les débris retombent. »

Le « dôme de fer » n'est pas une fiction sortie de l'esprit tortueux de l'auteur Stephen King. C'est le nom que l'on donne à une bulle invisible qui protège Israël. L'idée de ce dôme est née en 2004, au lendemain de la mort d'un enfant à Sderot, une ville située dans le Sud, à moins de trois kilomètres de la bande de Gaza. Une roquette palestinienne a explosé devant lui alors que sa mère l'emmenait à la crèche.

La mort du petit garçon a provoqué un choc dans tout le pays. Quelle était cette menace ? Comment s'en protéger ? Pendant que les tirs s'enchaînaient (4 000 roquettes du Hezbollah visent Israël en 2006), un ingénieur se pencha sur la question. Il s'appellait Daniel Gold. Il passa en revue toutes les idées possibles pour tenter de concevoir un système de défense, une sorte de parapluie pour contrer ces roquettes. Les premières batteries de missiles antimissiles furent déployées dès 2011. Aujourd'hui, elles sont capables d'intercepter

200 missiles à la minute. Chaque tir de batterie est estimé à 50 000 euros. Mais quel est le prix d'une vie ?

J'ai suivi le conseil de la femme en turquoise : appeler le fils de Viviane. Jonathan Silver décroche à mon appel. Mais avant de se livrer, il veut savoir qui je suis. Il me sonde sur l'esprit de mon travail d'auteur, les intentions de ce livre. Je bredouille une réponse sur la curiosité, le besoin d'aller voir pour se faire une idée. Je cite même Victor Hugo. Il émet un vague râle d'insatisfaction. Il embraye en demandant ce que j'ai déjà publié. Je lui réponds : des romans.

« Des romans ? s'inquiète-t-il à l'autre bout de la ligne. Pour quoi faire ? Vous voulez écrire un roman sur cette tragédie ? »

Je le détrompe. Cette fois, pas de fiction. Je veux raconter les faits. Rassembler des témoignages. Comprendre ce qui s'est passé.

« Ah ! Comprendre ce qui s'est passé… »

Quel non-sens, me dis-je. Comment prétendre comprendre ? Son silence a l'épaisseur amère d'une mère qu'on ne reverra plus.

Jonathan Silver habite Tel-Aviv, un vieux quartier désuet du sud de la ville, à l'écart de la côte et truffé de vieilles maisons. C'est ici que la jeunesse israélienne réinvente sa vie, à coups de clubs de jazz, de petits restos branchés et de bars pas trop chers. Elle rêve à l'abri du dôme au-dessus de sa tête.

Jonathan vit avec sa compagne et ses enfants dans un cube d'immeuble. Il porte une barbe touffue, des cheveux châtains courts. Ses yeux sont noirs. Ses gestes calmes. Il gagne la terrasse pour se griller une clope.

« Je voudrais que la mort de ma mère ait un sens. Je voudrais qu'elle serve la cause, la promotion de la paix. Je crois que c'est une simple question de volonté. C'est possible. Tuer des bébés à Gaza pour venger les enfants tués par le Hamas, ça ne sert à rien ! La vengeance n'est pas une stratégie ! Les territoires occupés… le mur de Gaza… la guerre… tout ça, ce n'est plus supportable. Il nous faut la paix. Si on ne l'a pas encore obtenue, ce n'est pas parce que c'était trop compliqué. Non. Pas du tout. C'est parce qu'on ne l'a pas voulu assez fort ! »

Je murmure une phrase que je me répète souvent : « La volonté plie tout… » Jonathan s'en saisit.

« Je le crois. Oui. Je l'espère. Ma mère y croyait. Elle a fait ce qu'elle pouvait pour rendre la paix possible. À un moment, on était même tout près d'y parvenir, vous savez. C'était il y a trente ans, après la signature des accords d'Oslo. »

J'ai un souvenir précis du 13 septembre 1993. Une roseraie impeccable. La Maison-Blanche. Le président Clinton écartant grand les bras. À sa gauche, Arafat, le chef de l'Organisation de libération de la Palestine, l'OLP, coiffé de son keffieh. À sa droite, Rabin, le chef du gouvernement israélien. Arafat qui tendait la main vers Rabin. Le visage radieux. Rabin, plus fermé, conscient de ce qu'il faisait, avant de lui serrer la main. Arafat l'accroche, la secouant longuement sous les applaudissements du président Clinton. L'image était retransmise en direct dans le monde.

Sous les yeux de Clinton, Rabin et Arafat entérinaient l'accord négocié en secret par leurs délégations pendant des mois durant, à Oslo, en Norvège. Son but : poser les jalons d'une résolution du conflit israélo-palestinien. Il s'agissait alors d'engager le retrait des troupes israéliennes présentes à Gaza et en Cisjordanie depuis 1967.

Les deux frères ennemis qui se serraient la main. Deux peuples pour une terre. Une histoire millénaire, bouleversée par un siècle de folies meurtrières.

Je n'ai pas oublié ce tournant historique. Jonathan Silver, lui, y était, mais s'en souvient à peine.

« J'étais si jeune. »

Il se souvient seulement que son père et sa mère avaient insisté pour qu'il les accompagne écouter leur Premier ministre. Rabin faisait un discours public deux ans après la poignée de main symbolique et le tournant d'Oslo, lors d'un meeting en soutien au processus de paix, que la droite israélienne, déjà menée par Netanyahou, cherchait à torpiller.

Ce 4 novembre 1995, la famille Silver avait quitté le kibboutz, pris le bus vers le nord pour gagner Tel-Aviv.

Ce soir-là, il y avait un monde fou sur la place des Rois-d'Israël. Des dizaines de milliers de personnes avec des pancartes pour la paix, de grands drapeaux israéliens et palestiniens.

« J'étais trop petit pour voir l'homme debout sur l'estrade. La nuit était tombée. Mon père m'avait hissé sur ses épaules, mais les drapeaux devant me bouchaient la vue. »

Rabin, seul sur l'estrade. Un micro devant lui. Il remercie la foule d'être venue si nombreuse. Il dit qu'il est ému devant tant de monde massé.

« Pendant vingt-sept ans, dit Yitzhak Rabin, j'ai été un soldat. Tant qu'il n'y avait aucune chance pour la paix, j'ai combattu. Je crois qu'aujourd'hui, il existe une chance pour la paix, une grande chance. Nous devons en profiter, pour tous ceux qui sont présents ici, et pour tous ceux qui sont absents, et ils sont nombreux[1]. »

Le jeune Jonathan a beau tendre l'oreille, la liesse est trop intense, il n'entend pas grand-chose. Et puis ce vieux bonhomme n'a pas beaucoup de charisme. Le Premier ministre semble tout engoncé dans son costume noir, avec ses carreaux de lunettes et son visage fermé. Il a le sourire d'un chat qui a bu du vinaigre. C'est un peu le cas d'ailleurs. Le Premier ministre sait que l'opposition grogne. Les nationalistes religieux qualifient ce retrait d'hérésie pure et simple. Pour eux, toute la Cisjordanie, la Judée-Samarie font partie d'Israël, du grand Israël de la Bible. C'est écrit dans les textes millénaires, inscrit dans les prières. Et l'État

1. Extrait du dernier discours d'Yitzhak Rabin, prononcé à Tel-Aviv le 4 novembre 1995.

du Grand Israël est considéré par eux comme le début de la délivrance messianique. Rabin est à leurs yeux une sorte d'antéchrist. Car il voit autrement. Cet homme pense que la paix vaut bien un compromis.

Son discours achevé, le Premier ministre se décale, entonne « La chanson de la paix » et s'apprête à partir.

Viviane Silver, son mari et leur fils Jonathan suivent la foule qui se délite. Chacun se dirige vers sa voiture, son bus ou sa moto. La place se vide lentement et très peu distinguent le premier coup de feu. Un second retentit. Ce 4 novembre 1995, Yitzhak Rabin vient d'être assassiné. Les accords d'Oslo sont mort-nés. L'assassin est un extrémiste religieux juif.

De retour chez eux, dans le sud du pays, c'est la consternation. La mère de Jonathan, le père de Jonathan et la plupart des membres du Kibboutz Beeri militaient pour Oslo. Ils étaient tous de gauche.

Ils penchaient pour Rabin.

Ils étaient pacifistes.

Viviane Silver

Le kibboutz Beeri est situé à trois ou quatre kilomètres de la bande de Gaza. Moins de vingt minutes à pied de l'enclave ; deux minutes à moto.

C'est ici que Jonathan vécut avec sa mère, Viviane Silver. Il n'y a pas de noms de rue. Il m'explique qu'ils ont occupé tour à tour plusieurs maisons, mais jamais une à eux. C'est l'esprit du kibboutz, l'esprit communautaire des origines. Les gens n'ont pas de bien propre. Pas de voiture. Pas de maison. Pas de biens matériels. Tout est partagé avec les gens de Beeri. C'est la vie au kibboutz. Ils travaillent tous ensemble. Dans les champs. À l'imprimerie. Et lorsque l'un d'entre eux a besoin d'une voiture, il n'a qu'à se servir. Il y en a quelques-unes garées devant le réfectoire. La clef est dans l'armoire située près de la barrière.

« Cette vie au kibboutz collait parfaitement avec la philosophie de ma mère. »

Viviane Silver n'y est pas née. Elle a vu le jour au Canada, un peu après la Seconde Guerre mondiale. Elle a fait son alya l'année de ses vingt ans, le grand voyage pour rejoindre Israël.

« Mais moi, me dit Jonathan, je suis né au kibboutz. Moi et mon frère on y est nés. »

Le kibboutz Beeri compte près de mille habitants. Il a été fondé en octobre 1946. Le 6 octobre exactement. Le 6 octobre 2023, ses habitants étaient en fête. Ils célébraient l'anniversaire de la fondation de Beeri. Il y a eu des spectacles, des chants, des lectures. C'était la veille du drame.

« Les kibboutz sont fiers de leur histoire. Ils ont vécu tant de choses, tu sais. Des bonnes choses. Des mauvaises. Gaza n'était pas loin. »

Je demande à Jonathan s'ils franchissaient parfois le mur qui sépare la bande de Gaza de l'État d'Israël. Il me reprend et précise qu'il n'y a pas vraiment de mur. Qu'il y a des pans de mur et beaucoup de barrières depuis quelques années. Mais à l'époque, quand il était plus jeune, c'était plus accessible. Il n'y avait rien de tout ça.

« Maman nous a emmenés rendre visite à ses amis palestiniens. Elle était appréciée à Gaza. Je me souviens d'une journée qu'on a passée là-bas. J'avais onze ou douze ans. J'étais impressionné même si je ne mesurais pas bien les choses, les événements en cours. C'était à la fin des années 1990. Elle m'a fait visiter le marché de Gaza. Et puis on est allés sur la plage. Et on a déjeuné chez ses amis gazaouis. Ils avaient une autre vision de tout cela. Ils nous livraient leur perception de la présence israélienne. Je ne comprenais pas tout. Mais maman, elle, savait. C'est difficile de comprendre le concept de conflit et d'occupation quand on vit à l'abri, dans un grand kibboutz, du bon côté de la barrière. Mais j'ai perçu quelque chose. J'ai compris que cela n'était pas juste, pas normal. J'ai deviné le problème. »

Début 2000, la seconde Intifada éclate. Les attentats palestiniens se multiplient. Des attaques terroristes, des bombes, des attentats-suicides. L'armée israélienne réplique lourdement. Un mur et des barrières sont bientôt érigés. En 2005, Israël évacue la bande de Gaza.

« J'ai vécu tous ces événements. J'ai vu les réactions de ma mère. Son indignation. Ses espoirs. Elle y croyait encore. Viviane évoluait dans un monde parallèle, une autre dimension. »

Le 25 janvier 2006, les trois quarts de la population palestinienne en âge de voter se rendent aux urnes. Le résultat est sans appel : le Hamas remporte une majorité absolue de 74 sièges sur un total de 132 au conseil législatif palestinien. La mission d'observation des élections, mandatée par l'Union européenne, déclare que le scrutin s'est bien déroulé. Pourtant, elle refuse de reconnaître la victoire du Hamas, car le mouvement est qualifié par Bruxelles d'organisation terroriste.

Pendant un an, la bande de Gaza est en proie à une vague de violences intrapalestiniennes. Les membres du Hamas pourchassent les militants du Fatah. Plus de 320 Palestiniens meurent en 2006. L'année suivante, en 2007, le Hamas prend le contrôle total de Gaza.

« Quand le Hamas a pris le pouvoir, maman était effondrée. Elle a très mal vécu cette vague de violence de l'autre côté à Gaza. Ses amis palestiniens étaient pris au piège. Tous ceux qui avaient rêvé de coopération étaient pris au piège [...]. Je me souviens qu'à l'époque, elle craignait pour eux. Elle était tellement triste. Elle me disait qu'ils essayaient de fuir, qu'ils étaient persécutés. »

Toutefois, Viviane Silver ne renonce pas. Elle poursuit le combat pour la défense des droits des Palestiniens – des salaires équitables, une formation professionnelle.

Son fils Jonathan apprend à ses côtés. À quinze ans, il rejoint la jeunesse du kibboutz. Il a une petite chambre à part, dans le quartier des adolescents. Il partage une cuisine avec un gars de son âge.

« J'étudiais et puis je militais aussi. Je commençais tout juste. Avec les aînés du kibboutz, avec maman, nous allions manifester. On alertait la société. On voulait secouer l'opinion. À dix-neuf ans, j'ai rejoint une association. Rabbis for Human Rights, "les rabbins pour les droits humains". »

Rabbis for Human Rights est une association qui associe la foi et la défense des droits de l'homme. Elle compte une centaine de rabbins parmi ses militants. Jonathan s'est joint à leurs actions.

« En fait, nous menions des actions contre les colons, ceux qui occupaient et qui occupent encore une partie de la Cisjordanie avec leurs implantations illégales. Nous allions là-bas pour apporter notre aide à des cultivateurs palestiniens. On allait dans les oliveraies et on faisait la cueillette avec eux. Comme ça, si des colons s'en mêlaient, nous nous interposions. Ça arrivait, vous savez. Souvent. Les colons israéliens s'implantaient près des champs, parfois même dans les champs, si bien qu'ils rendaient toute culture impossible. Ils empêchaient les Palestiniens de cultiver leurs champs. C'était terrible. Vraiment. »

Jonathan me raconte un souvenir, à Hébron, en Cisjordanie.

C'était il y a quelques années, en octobre, au début de la saison de la récolte des olives. Ils étaient quelques-uns autour du rabbin Arik Ascherman pour servir de bouclier humain, au cas où. Jonathan avait emmené une petite caméra numérique. Et ça n'a pas loupé. Les colons sont sortis. Ils les ont menacés, avec des bâtons et des couteaux. Des colons extrémistes, radicaux, très religieux.

« Ils se sont mis à plusieurs pour frapper Ascherman. Ils frappaient un rabbin ! Eux, les religieux ! Ils frappaient Ascherman. Sa kippa est tombée. C'était très pénible de voir ça, les coups qu'il prenait. Et moi qui tenais ma petite caméra. Je n'avais que ça à faire. Filmer. Documenter. Montrer ce qui se passait. Une autre fois, près de Naplouse, un colon masqué l'a menacé avec un couteau. Il lui a jeté des pierres, donné des coups de pied, des coups de poing. Le rabbin s'en est sorti miraculeusement. »

Le rabbin Arik Ascherman a soixante-quatre ans. Il est né aux États-Unis en 1959. Il a étudié à Harvard. J'ai lu que sa voiture avait été lapidée par des Palestiniens. Son corps a été roué de coups par des Israéliens. Il a été condamné pour « désobéissance civile » par les tribunaux de son pays, parce qu'il avait empêché des bulldozers israéliens de détruire des habitations dans Jérusalem-Est. Il cite souvent une phrase des *Maximes des Pères,* le plus antique recueil de sentences rabbiniques : « L'épée s'abat sur le monde lorsque la justice tarde à être rendue ou lorsqu'elle est pervertie. »

À la fin de l'entretien, Jonathan Silver observe un long silence. Je devine sur son visage que des idées le traversent. Des regrets ? De la tristesse ?

« Je vais être très honnête, reprend-il. Toutes ces dernières années, je me suis embourgeoisé. J'ai étudié le droit en prétendant changer les choses autrement que sur le terrain. J'ai poursuivi le combat pour les droits de l'homme. Mais après la naissance de mon premier enfant, je suis devenu parent. J'ai dû gagner de l'argent. Et je me disais alors que la paix n'allait nulle part. Nous avions si peu de prise sur les événements. Ma mère. Le rabbin. Mes amis. Mon père mort du cancer. J'ai cherché du travail et je me suis installé avec ma compagne, ici à Tel-Aviv. »

Samedi 7 octobre, à 10 h 50, Jonathan Silver est chez lui quand il reçoit le message. Sa mère vit seule dans sa maison. Au kibboutz Beeri l'attaque a commencé.

Les terroristes sont là. Ils sont dans la maison.

Je suis avec toi maman, écrit-il, à défaut de la joindre. Sa mère s'abstient de répondre pour ne pas se faire repérer.

Puis : *Je te sens, mon fils. Je peux sentir ta présence.*

Ensuite, plus rien. Pas un mot. Pas le moindre signe. La ligne s'est coupée entre la mère et le fils, Viviane ne répond plus. Jonathan se retrouve seul avec ses frayeurs. Toutes les conjectures se mélangent dans sa tête. Le pire est vraisemblable.

Pendant quelques jours, on a cru que Viviane Silver faisait partie des otages. Qu'elle était à Gaza avec des centaines d'autres. Jonathan l'espérait. Son corps a été authentifié plus tard.

Les terroristes du Hamas l'avaient criblé de balles.

Ensuite, ils ont mis le feu à sa dernière demeure.

Le mythe de la paix

Je passe beaucoup de temps au Forum des familles. J'ai besoin des bénévoles pour joindre les victimes, les rescapés du drame, les familles d'otages. Mais la tâche est ardue. Les victimes ont besoin de se reconstruire. Elles doivent reprendre leur vie, au lieu de ressasser toujours les mêmes horreurs.

Dans ce carré d'immeuble qui monte sur six étages, le Forum occupe les trois derniers. Les équipes sont composées d'étudiants disponibles, de salariés en congé de leur travail, de retraités, de chefs d'entreprise qui se consacrent à la cause. Tous, ils ont tout arrêté pour venir prêter main-forte.

Comment soutenir ces familles meurtries ? Comment les conseiller ? Comment se mobiliser pour porter leur parole sans gêner le travail de deuil qu'elles doivent faire ? Et surtout, oui surtout, obtenir gain de cause : libérer les otages, les libérer maintenant. Les familles font tout ce qu'elles peuvent pour faire entendre raison à ce

Premier ministre qui n'a que la guerre en tête... Bibi Netanyahou a, depuis des mois déjà, divisé son peuple avec sa folle réforme de la Cour suprême, son coup de couteau dans le dos de la démocratie et ses alliés ultras qui rêvent d'occuper pour toujours et surtout sans partage la Judée-Samarie, toute la Cisjordanie et tout Jérusalem. Ce Premier ministre-là a passé un accord, pactisé avec eux et leurs idées fatales à l'avenir de la paix déjà très mal en point. Ils sont contre Oslo. Ils détestaient Rabin. Certains ont encensé celui qui l'avait tué.

Au Forum des familles, une trentaine de bénévoles, hommes et femmes, plutôt jeunes, travaillent au sixième étage. C'est là que se trouvent les équipes d'Émilie Moatti. Leur mission est précise : traiter les demandes émanant de la presse.

Sur un tableau blanc qui couvre tout un pan de mur, je découvre mentionnés tous les plus grands journaux : le *Washington Post*, le *New York Times*, le *Times* britannique, *Le Monde*. Mais aussi la BBC, France Télévisions, CBS et sa célèbre émission *60 minutes*. Ce ne sont que quelques exemples. Tous veulent la même chose : des témoignages chocs, des interviews exclusives.

Émilie Moatti enchaîne les réunions. Je suis assis. J'attends. J'ai trouvé un petit coin.

« J'arrive », me dit-elle avant de disparaître.

J'observe ces bénévoles sur ce vaste plateau découpé en sections. Certains portent un tee-shirt noir sur lequel est écrit « *Bring Them Home, Now!* ». D'autres arborent un petit ruban qui réclame la même chose.

Je retrouve sur les murs les affiches des otages. Des dizaines de visages. Des noms. Des âges. Ce sont les mêmes qui sont collées plus bas, de l'autre côté de la rue sur la façade du quartier général de l'armée israélienne. Personne n'ose y toucher. Ces photos sont sacrées. Pourtant la guerre dure. Et les bombes pleuvent invariablement sur Gaza, parfois même sur les otages.

« Tu m'accompagnes ? »

Émilie est de retour, les cheveux en chignon, toujours vêtue de noir, du rouge sur les lèvres. Ses grands yeux bleus sont soulignés d'un trait de noir qui semble couler un peu. Elle arpente le couloir, s'engage vers l'escalier et me fait découvrir une vaste terrasse.

« Ça te dérange si je fume ? »

Il fait un temps radieux. L'air est clair. La fumée ne me gêne pas. Elle me demande comment avance mon livre. Je lui parle des amies de Viviane Silver et surtout de son fils, Jonathan.

« Qu'est-ce qu'il t'a dit ? »

L'entretien était long, je ne vais pas tout répéter. Je lui cite juste cette phrase qui m'a marqué : « Tuer des bébés à Gaza pour venger les enfants tués par le Hamas, ça ne sert à rien ! La vengeance n'est pas une stratégie ! Les territoires occupés… le mur de Gaza… la guerre… tout ça, ce n'est plus supportable. Il nous faut la paix. »

Elle tire sur sa tige. Je la retrouve bien là. En recrachant sa fumée, Émilie me confie qu'elle connaissait Viviane Silver.

La première fois qu'elle l'a croisée, c'était en 2014. La crise était vive alors dans l'enclave palestinienne. Le blocus imposé par l'Égypte et Israël, depuis la prise du pouvoir par le Hamas, avait créé des tensions à Gaza. Au début de l'été, des milliers de roquettes et de mortiers étaient partis vers Tel-Aviv, Jaffa, Jérusalem ou Haifa. La guerre recommençait.

À l'époque, Émilie revenait de Paris. Elle voulait s'investir. Au cours d'un meeting elle a rencontré Viviane Silver. C'était à Tel-Aviv, sur l'ancienne place des Rois-d'Israël, qui s'appelle désormais la place Yitzhak-Rabin.

Émilie était jeune. Elle admirait ces femmes qui bravaient l'opinion en marchant pour la paix, qui remontaient le courant d'un avenir empêché. Deux peuples pour deux États. Une terre partagée. Un rêve d'harmonie.

« Viviane Silver et ses amies avaient compris qu'on n'avait pas besoin de passer vingt ans dans l'armée pour savoir ce qu'il fallait faire. Je regrette tellement ce qui lui est arrivé. C'est atroce. Viviane était une femme puissante, très convaincue, très israélienne. Elle avait vécu dans les kibboutz. Elle était pleine de l'esprit des pionniers du sionisme, des fondateurs de l'État hébreu, très communautaristes, égalitaristes, libres. »

Dès 2014, Émilie Moatti s'engage avec elle et se lance en politique, au sein du Parti travailliste.

Élue députée en 2021, elle a tenté de faire passer une loi inspirée du combat de Women

Wage Peace. Toutes les semaines, Viviane Silver et ses amies allaient interpeller les membres de la Knesset.

« Elles venaient chaque semaine, assises dans le public lors des séances plénières ou dans les commissions. On les voyait de loin avec leurs écharpes turquoise. Nous avions bâti ensemble un projet de loi pour la paix. Son principe était simple : avant de lancer une nouvelle opération militaire, cette loi obligeait les membres du gouvernement à épuiser toutes les options diplomatiques, toutes les solutions politiques, toutes les possibilités de sortie de crise. Toutes ! Il fallait tout envisager avant de faire parler les armes. Mais cela n'a pas suffi. Cette loi n'est pas passée. Ici, les gens s'en foutent de la paix. Ce n'est pas populaire. »

Émilie a raison. Depuis les accords d'Oslo en 1993, Israël a mené des dizaines d'opérations armées :

Opération Raisins de la colère (Sud-Liban, 1996).

Opération Bouclier défensif (Cisjordanie, 2002).

Opération Chemin tracé (*idem*).

Opération Arc-en-ciel (Rafah, dans le sud de la bande de Gaza, en mai 2004).

Opération Jours de pénitence (nord de la bande de Gaza, automne 2004).

Opération Pluie d'été (dans la bande de Gaza, en 2006).

Opération Nuages d'automne (*idem*).

Opération Verger (sur un site nucléaire syrien, 2007).

Opération Hiver brûlant (à Gaza, en 2008).
Opération Plomb durci (*idem*).
Opération Brise de mer (arraisonnement d'une flottille en route pour Gaza, en 2010).
Opération Retour d'écho (à Gaza, en 2012).
Opération Bordure protectrice (à Gaza, en 2014).
Opération Bouclier du Nord (à la frontière libanaise, en 2018).
Opération Ceinture noire (à Gaza, en 2019).
Opération Gardien du Mur (à Gaza, en 2021).
Opération Aube naissante (à Gaza, en 2022).
Opération Bouclier et flèche (à Gaza, en mai 2023).
Opération Épées de fer (à Gaza, en octobre 2023)…

Autant d'opérations suivies de cessez-le-feu. Mais pas la moindre opération de paix.

« Nous nous sommes contentés d'une paix mythologique, d'une vague idée lointaine, sans trop de réalité. Nous sommes déconnectés. Heureusement que des femmes comme Viviane Silver ont existé. »

Émilie garde un souvenir précis de sa première campagne électorale. Elle avait fait campagne dans les kibboutz, en 2018. Les kibboutz sont très proches du Parti travailliste. Ils sont plutôt à gauche et constituent un vrai réservoir de votes. Elle s'y rend, plusieurs fois. Et notamment à Beeri, chez Viviane Silver. Un membre de son comité électoral avait pensé que ce serait une bonne idée qu'Émilie débarque avec des ballons. Des ballons roses avec son nom écrit dessus.

« Les habitants du kibboutz se sont mis à crier. Et on n'a rien compris. On n'a même pas capté ce que cela voulait dire. Depuis un an, depuis 2017, tous les gens des kibboutz situés près de Gaza recevaient des ballons incendiaires, des cerfs-volants incendiaires. Ça a brûlé les champs et des maisons. Et nous, en nous pointant avec nos ballons roses, nous avons provoqué chez les enfants du kibboutz une frousse terrible. Ils ont eu tellement peur ! C'était vraiment une idée très stupide. Et surtout, ça montrait à quel point on n'avait rien compris. Pauvres enfants de Beeri. »

Je voudrais y aller. Je voudrais aller voir ce kibboutz. Le 7 octobre, les commandos du Hamas y ont semé le chaos. Mais pour descendre là-bas, il faut montrer patte blanche. La zone est très tendue. La guerre fait rage dans la bande de Gaza. Dans les kibboutz autour, la situation reste très instable. Le Hamas réplique aux bombardements israéliens par tirs de roquettes.

Émilie me met en garde. Mais elle traite tous les jours de demandes émanant des médias des quatre coins du monde qui veulent se rendre sur place.

Elle tire de son paquet sa dernière cigarette.

« Je vais t'arranger ça. »

Hugo à Beeri

Pour gagner Beeri, il faut suivre le sud. En partant de Tel-Aviv, l'autoroute file d'abord le long de la côte. Puis elle dévie vers l'est jusqu'au check-point Erez qui verrouille le nord de l'enclave palestinienne.

Au volant de ma petite voiture de location, j'ai vu s'afficher les messages d'alerte. « Zone dangereuse, attention ! » Sur un grand panneau vert, un chiffre s'est affiché : 232. J'étais sur la fameuse route 232, empruntée le samedi noir par le général Golan et par tous ceux qui tentèrent de fuir les exactions.

Ce court serpent d'asphalte part de la ville israélienne de Sderot, puis s'étire tout le long de la bande de Gaza, sur quinze kilomètres.

Je reconnais les noms sur les panneaux : Kfar Aza. Nahal Oz. Reïm. Kissoufim. Ce sont les noms des kibboutz attaqués le 7 octobre.

Les cris. La peur. Le sang. Les voitures incendiées. Les viols et les otages. Les traces sont effacées, mais le souvenir demeure.

Ils étaient pris au piège, cernés par tous ces tueurs infiltrés dans les ruelles de leurs petits paradis, qui forçaient portes et fenêtres pour pénétrer chez eux, dans leurs salons, dans leurs chambres.

Les terroristes du Hamas connaissaient les lieux. Ils savaient ce qu'ils visaient. Tout était planifié. Telle maison : une famille. Telle maison : deux vieillards. Là-bas, le réfectoire.

Au volant de ma voiture je croise des Hummer qui roulent à toute vitesse, des camions de l'armée sillonnent le coin, sans doute pour mieux se jeter dans la mêlée derrière, du côté de Gaza, de l'autre côté du mur et plus loin de la barrière.

Un panache de fumée obscurcit l'horizon.

Ça sent le pneu brûlé.

Une explosion retentit.

Je lève les yeux au ciel et distingue dans le bleu un tortillon de fumée, les boucles d'une spirale qui s'achève sur un point : un minuscule nuage ; les débris d'une roquette.

Je ne l'avais pas vue venir.

Depuis le 8 octobre, l'armée israélienne pilonne les bâtiments soupçonnés d'abriter une cellule terroriste ou une base ennemie. Elle frappe et bombarde dur, sans vrai discernement. Elle enfouit des civils sous des tonnes de gravats, et augmente chaque jour, chaque heure le nombre des victimes : hommes, enfants, femmes et vieillards. Elle va raser Gaza au risque d'entraîner la mort des otages.

Après une heure de route, j'approche enfin du but.

Le kibboutz Beeri n'est plus qu'à trois cents mètres. Je bifurque vers la droite. Je m'enfonce dans un chemin au bout duquel je vois se dresser quelques arbres. C'est là. Une barrière blindée jaune barre l'accès.

À droite, près du fossé : des véhicules blindés bardés de militaires.

À gauche : une guérite.

Je reconnais les lieux. Je les ai déjà vus sur l'une des vidéos qui circulent sur le Web. Une caméra branchée juste au-dessus de l'entrée a filmé l'incursion des terroristes.

10-07-2023 Sat. 05 : 55 : 29.

Deux hommes en tenue de camouflage. Le front ceint d'un bandeau. Kalach bien en main, ils s'approchent à petits pas, évaluent la barrière et les grillages autour.

Sur les images suivantes, une voiture s'avance.

La barrière s'ouvre lentement. Les terroristes s'infiltrent. Des hommes sur des motos, avec fusils, lance-roquettes. Ils portent des gilets pare-balles. Sans doute s'attendaient-ils à affronter l'armée. Ils auront le champ libre pour perpétrer leur crime. Longtemps. Trop longtemps. Trop de bataillons de Tsahal étaient redéployés vers la Cisjordanie, en soutien aux colons, l'électorat de Bibi.

Des soldats à l'entrée m'ordonnent de m'arrêter. Ils me demandent mon nom et mon laissez-passer. Je l'ai reçu par mail, pendant que je roulais. Émilie Moatti m'en a dégotté un, comme promis.

La lourde barrière jaune se lève. Un soldat me demande d'attendre mon contact. Il s'appelle Hugo. Je peine à lire son nom. Il est écrit sur le mail que j'ai reçu, mais en hébreu.

Au bout de quelques minutes, quelqu'un s'approche enfin. C'est lui, le fameux Hugo. Souriant. Brun. Pressé. Je sais que je n'ai qu'une heure. Cela va passer vite. Je lui montre la guérite. Je ne vois pas d'impacts de balles sur le mur. Je me demande comment les terroristes ont fait pour s'infiltrer dans ce kibboutz cerné par de hautes grilles et cette épaisse barrière.

« Il n'y avait personne à l'entrée, me dit-il. Personne ne tenait le poste de sécurité. C'est une décision collégiale que nous avions prise deux ans auparavant. Le samedi, pour shabbat, personne ne tenait le poste de sécurité. Le Hamas le savait. Cela a peut-être permis de sauver une vie, parce que dans cette guérite, le garde n'aurait eu aucune chance. La porte n'est pas blindée. La vitre a l'épaisseur d'une fenêtre normale. Qui aurait pu s'attendre à une attaque pareille ? »

Hugo est d'origine argentine. La quarantaine. Deux enfants. Un œil gonflé par un abcès d'origine psychosomatique. Cela faisait quinze ans qu'il habitait Beeri.

Avant le 7 octobre, il faisait un peu tout, comme tout le monde ici, avec une prédilection pour l'enseignement des droits civiques. Il tique en répétant : « Les droits civiques ! Les droits de l'homme ! » Il doute, désormais. Cette grande idée lui semble trop grande pour l'homme.

C'est en sa compagnie que je découvre le kibboutz. Un vaste bâtiment se dresse face à l'entrée : une grande imprimerie tenue par les membres de cette communauté. Le kibboutz Beeri s'est à peine écarté des principes des pionniers. Les champs et les récoltes occupent ses habitants. Mais cette grosse usine améliore l'ordinaire. Elle rapporte de l'argent. On y fabrique tout ce qui peut se lire.

Plus loin, cachés par les arbres, des pavillons s'alignent, du moins ce qu'il en reste. Des toits effondrés. Des murs noirs de suie. Les marques tracées en jaune par les services d'urgence. Des impacts de balles presque dans tous les murs. Plus de vitres aux fenêtres.

C'est la désolation.

« Ici, de ce balcon, me dit Hugo, un habitant du kibboutz a tenté de résister. Il s'est caché là-haut avec son fusil. Il a fait ce qu'il a pu pour freiner leur avance. Il en a tué près de trente. Trente terroristes. Mais ça n'a pas suffi. Ils étaient des centaines. De partout. Qui tiraient, qui hurlaient. Les cris. La peur. Le sang. Le viol. "Tuez-les tous ! Tuez les juifs ! *Allahu Akbar !*" D'après les médias, il y en avait près de trois cents ! Ils ont pris tout leur temps pour venir nous massacrer. »

Pendant que Hugo me raconte, des explosions retentissent. Des dizaines de tirs en moins d'une minute. Une accalmie, puis ça recommence. Je m'inquiète et me demande si nous sommes en danger.

« Notre armée, me dit-il pour me rassurer. Ils tirent sur Gaza. »

Je réponds « Ah... », bêtement, sans être bien rassuré.

Nous remontons une rue qui s'enfonce dans Beeri. Quelques arbres fruitiers poussent parmi les décombres. Hugo s'arrête devant. Il saisit une branche lourde de fruits.

« C'est terrible de voir ça. »

Je ne m'attendais pas à ce qu'il bute là-dessus : la récolte fichue, les arbres négligés. Au milieu de ces ruines, il tique sur ces fruits. Je mesure son attachement à ce qui vient de cette terre. L'esprit des kibboutz. Hugo sort un panier et ramasse ce qui traîne.

« Je ne veux pas que tout ça pourrisse. Qui va les récolter ? Il n'y a plus assez de bras. Il y a eu tant de morts. »

L'attachement à la vie sous toutes ses formes. Il poursuit sa visite et me montre sa maison. Il a eu de la chance. Elle ne fut pas visée, ni sa femme ni ses enfants.

Hugo relève la tête. Il me désigne une rangée de maisons délabrées.

« Tu vois ici ? Dans ces petits logements vivaient de vieilles personnes. Des vieux messieurs. Des vieilles dames. Ils avaient soixante-dix ans. Quatre-vingts. Tous ont été tués. Systématiquement. Ils ont forcé leurs portes et les ont criblés de balles. Ces pauvres vieux étaient incapables de se défendre.

Pourquoi ont-ils fait ça ? Ces vieux n'étaient pas des soldats ! C'étaient des kibboutzniks, des travailleurs sionistes, beaucoup militaient pour la paix. Ils se donnaient du mal pour aller à Gaza accompagner des gens qui avaient besoin de soins. Et puis, voilà ! Je suis en colère, tu sais ! Tellement en colère ! »

Une sirène retentit. Mon cœur s'emballe soudain. Je mélange les temps. Le passé. Le présent. Je tarde à réagir. Hugo m'attrape le bras et me pousse à courir.

« On a sept secondes, vite ! »

La bande de Gaza est à portée de vue. Une roquette tirée s'abat vite sur sa cible. Il faut moins de dix secondes pour qu'elle atteigne son but.

Hugo fait demi-tour et me montre sa maison. Nous nous réfugions dans la pièce qui sert d'abri. C'est la chambre de sa fille.

Il est calme. Il sourit et me demande si ça va. Avant que je réponde, un bruit résonne au loin. Le « dôme de fer » a joué son rôle protecteur. La roquette est détruite. Il n'en reste presque rien. Nous attendons, le temps que ses débris retombent. Nous allons ressortir.

Un minibus noir aux vitres fumées passe devant nous. Le chauffeur lève la main pour saluer au passage. Hugo ne lui répond pas. Je lui demande qui c'est.

« Des touristes ! me répond-il. J'espère qu'ils ne vont pas transformer ce kibboutz en musée à ciel ouvert. C'est notre communauté. C'est le lieu que nous habitons. Il y en a pas mal qui refusent de partir. »

Hugo laisse le van s'éloigner. Ils sont une dizaine entassés là-dedans. Il y en a tous les jours qui viennent voir ici. De tous les pays. Et toutes sortes de gens. Des politiques. Des journalistes. Des soutiens d'Israël. Des curieux.

Dans une rue plus loin, nous croisons une femme, en legging et sweat-shirt rose fluo.

« Une rescapée, m'explique Hugo en lui faisant signe de la main. Avant le 7 octobre, nous étions près de mille kibboutzniks à Beeri. Une centaine sont morts. Certains sont encore retenus en otage. Mais des personnes comme elle il y en a une dizaine. Elles refusent de partir. Il n'en est pas question. Il reste tant à faire. Il faut tout reconstruire. Tu connais Nurit et son mari Abraham ? »

Je fais non de la tête. Il ajuste ses lunettes sur son nez pour protéger son œil des rayons du soleil et me raconte l'histoire de ce couple incroyable.

Nurit Dvori a passé toute sa vie ici. C'est la première fille née à Beeri, depuis sa fondation en octobre 1946, un an et demi avant la création de l'État d'Israël. Nurit est née dans le lit de ses parents. Sa mère a accouché chez elle, à l'ancienne, parce qu'elle n'a pu se rendre à la maternité. La veille et le jour même, la route qui y menait croulait sous les obus. Impossible de bouger. Depuis, le temps est passé. Elle a quatre-vingts ans. Nurit et son mari ont quinze petits-enfants. Certains ont perdu leur maison, mais ils sont vivants. Ils ont eu de la chance.

Le lendemain de l'attaque du 7 octobre, Nurit et Abraham ont été évacués à l'hôtel, sur les rives de la mer Morte.

« Mais tu sais, au bout de quelques semaines, ils sont revenus. Abraham est très actif. C'est lui qui supervise le nettoyage du kibboutz. Il était notre premier secrétaire. Il a été le premier à revenir ici. »

Comme je vois le temps passer, je lui parle de Viviane Silver. Je lui demande s'il la connaissait.

« C'est pour elle que t'es venu ? » lance-t-il, un brin défiant.

Je réponds que oui, entre autres. Je lui explique que j'ai rencontré son fils, Jonathan, et des amies à elle. Son histoire me fascine au milieu de ce champ de ruines.

« La paix, bredouille Hugo. Ici, à Beeri, nous étions très à gauche, très engagés pour la paix. Et puis… »

Il triture un collier de métal très répandu depuis lors, une petite chaîne au bout de laquelle pend un médaillon carré inspiré des plaques qu'arboraient les GI. Deux inscriptions figurent dessus en hébreu et en anglais. Celle du haut dit : « Mon cœur est resté à Gaza. » Celle du bas : « *Bring Them Home, Now !* »

J'ai vu des milliers de personnes porter ce collier, par solidarité. Des familles d'otages et aussi des anonymes.

« Tu sais, Sébastien, ce que j'ai vu m'a changé. Le jour de l'attaque, quand j'étais réfugié avec ma femme et mes filles dans la chambre sécurisée, j'ai pu voir ce qui se passait. Les tirs. Les grenades. Les maisons incendiées. J'ai vu des enfants palestiniens qui avaient dix ans, douze ans. Ils étaient armés eux aussi. Ils hurlaient, eux aussi. Ils tiraient. Ils pillaient. Ils sont repartis en emportant des vies et des vélos, et des jouets et des tas de conneries. Maintenant, je ne sais plus trop. »

Il consent toutefois à me montrer la maison de la famille Silver. Il me dit que c'est là, sans y jeter un œil. La pensée de Hugo dérive vers l'autre maison. Celle de son ami. Il habitait derrière. Un vieux monsieur. Ils l'ont tué, lui aussi.

Hugo me dit que quelquefois il allait avec lui au bord de la mer. Pour boire des bières. Pour fumer. Pour raconter des blagues. Les terroristes sont entrés chez lui. Ils ont tiré sur lui, à bout portant, à coups de rafales de kalachnikov.

« Les médecins légistes ont mis des jours avant de pouvoir authentifier son corps. Il était déchiqueté. Ce vieil homme, tu vois, il n'a pas pu se défendre. Il en était incapable. Ce que les terroristes lui ont fait, ce qu'ils leur ont fait, je ne pourrai pas le pardonner… Ils ont cherché cette guerre. Ils l'ont provoquée. Il faut que notre armée détruise le Hamas. Tous les hommes du Hamas. »

Puis il marmonne une phrase que je ne retranscrirai pas. Un impératif lourd. Une exigence terrible qui me fait froid dans le dos.

Je me détourne lentement vers la maison Silver. Un carré de jardin. Deux étages. Plus de toit. Les vitres sont brisées. Les murs sont criblés de signes laissés par les secouristes. Du jaune, du bleu, du noir. Des chiffres. De l'hébreu. Je m'approche. La porte est dégondée. Le sol et les murs sont couverts de suie noire. Des bouts de papier traînent parmi les détritus. J'entre. Je cherche le placard dans lequel on l'aurait retrouvée. Mais tout est sens dessus dessous. Et puis, je me débine. Je n'ai pas l'âme d'un croque-mort. Je ne suis pas légiste. Je suis là pour tenter de comprendre les faits, de saisir l'événement, de collecter les mots et nommer l'holocauste.

Je réprime un haut-le-cœur.

Comment peut-on faire ça ? Un tel crime, de sang-froid ?

J'ai noté les souvenirs de son fils dans mon carnet. Jonathan évoquait le jardin de sa mère. Viviane passait du temps à s'occuper de ses plantes. Son fils venait l'aider pour shabbat, le samedi. Il avait mentionné un gros abricotier, son arbre préféré parce qu'il donnait des fruits à nuls autres pareils.

Je peine à le retrouver parmi toute cette broussaille. Il s'était aussi remémoré un manguier.

Il est là ! Du moins ce qu'il en reste. Son tronc est calciné. Ses branches semblent lasses. Ses longues feuilles oblongues ne portent plus rien qui vaille. Mais c'est lui. C'est le manguier et c'était sa maison.

Une légende veut que l'arbre de Sodome ait porté une pomme. Elle était belle à voir, mais avait le goût amer et était faite de cendres, comme le manguier de Viviane.

« Le sourire de mon frère »

De retour à Tel-Aviv, je regagne le Forum des familles.

Il faut que je me pose pour retranscrire tout cela. Dans les locaux de cette ancienne start-up, je me suis fait une place. Un petit coin de travail. Un bureau dans le drame. De là, je peux me concentrer, tout en lançant à l'occasion les questions qui me viendraient sur tel ou tel sujet.

Parfois, j'ai sollicité Daniel Shek, le mari d'Émilie Moatti. Il a été ambassadeur en France. Mais Émilie et Daniel sont déjà repartis. Ils sont allés en France, avec des familles, pour sensibiliser la présidence de la République, les élus du Sénat et de l'Assemblée nationale sur la situation des otages en général et des otages franco-israéliens en particulier. Comme Mia Schem et son ami Elya Toledano.

Une vidéo circule depuis la veille. Les ravisseurs du Hamas ont filmé Elya Toledano tenant une pancarte avec son nom dessus. Il est tout souriant. Quelle terrible mise en scène !

Son frère, Daniel, l'a vue, cette vidéo de lui. Ça lui a fait du bien d'avoir des preuves de vie. C'est surtout son sourire qu'il en a retenu. Daniel évoque souvent le sourire de son frère.

« Elya est un garçon très doux. Il n'a jamais aimé se battre. Je me souviens qu'à l'école religieuse, à la yeshiva de Bnei Brak, les autres le taquinaient. Ils venaient le provoquer. Il ne répondait pas. Mon frère ne se battait pas. Il était tout le contraire. Il était gentil, généreux. Il a toujours eu cet immense sourire. Tout le monde était marqué par le sourire de mon frère. »

Derrière moi, dans ce coin de bureau du Forum des familles, je tombe sur le portrait d'Elya affiché. Un visage parmi d'autres – ils sont tellement nombreux qu'ils couvrent tout un pan de mur. Ses cheveux sont ras. Sa barbe est fine. Sur son tee-shirt noir, Elya porte trois rangs de fins colliers de petites billes d'argent.

« À chaque rendez-vous, sur la "place des otages", je portais sa photo imprimée sur une affiche ou même sur mon sweat-shirt, m'a raconté son frère. Et les gens s'arrêtaient, surpris par l'intensité de son sourire. Mon frère ne sourit pas seulement avec la bouche. Il le fait aussi avec les yeux. Il est tellement sincère. Profond. C'est ce sourire que j'ai retrouvé sur cette vidéo de propagande du Hamas. Mon frère tenait une feuille devant lui et souriait. »

Daniel Toledano s'est envolé pour Paris avec le sourire d'Elya. Il a pris l'avion avec Émilie et son mari, pour aller secouer nos élus et leur demander de se mobiliser. Cela fait déjà deux mois qu'Elya est détenu par le Hamas.

Une bénévole s'approche. Elle a moins de trente ans. Elle est là depuis le début. Elle me demande comment s'est passé mon voyage. Je lui parle de Beeri, des maisons incendiées et des fruits qui pourrissent.

Elle me demande si j'ai pu entrer à Kfar Aza. Le kibboutz Kfar Aza est situé en amont de Beeri. Je suis passé tout près. Je l'ai longé seulement. Je n'avais pas le laissez-passer nécessaire. Mais je voudrais y aller. J'ai entendu parler de la famille Epstein et de leur fils Netta. L'histoire est bouleversante. Cela fait des semaines que j'essaye de les contacter.

Pourrait-elle m'aider ?

La jeune femme a passé des dizaines d'appels, des messages. Nous avons établi des listes de contacts, des proches, des amis. Au bout de quelques jours, ils lui ont répondu. Ils acceptaient de me livrer leur histoire.

Les fiancés de Kfar Aza

Irène et Netta

Du paradis à l'enfer, il n'y a parfois qu'un pas. Les plus belles histoires peuvent s'éteindre d'un coup.

Le kibboutz Kfar Aza est plus petit que Beeri. Il compte, ou plutôt il comptait, 765 habitants. C'est un coin de verdure niché près de la frontière. Un village communautaire fondé dans les années 1950. D'ailleurs, il porte son nom : en hébreu, Kfar Aza signifie « le village de Gaza ». Aza-Gaza. Une seule lettre les distingue mais un monde les sépare.

Le 7 octobre dernier, les terroristes du Hamas se sont infiltrés dans Kfar Aza. En quelques heures, ils ont fait une centaine de victimes. Il y avait parmi eux un jeune homme amoureux. Il s'appelait Netta Epstein. Il allait se marier.

La famille de Netta Epstein habitait ce kibboutz depuis sa création. Deux générations de Epstein y ont grandi. Le raid du 7 octobre a décimé une partie de cette famille.

Depuis le samedi noir, les parents de Netta, Ayelet et Ori Epstein, se sont réfugiés dans une petite ville située dans le nord du pays. Une maison moderne. Quelques meubles. Un carré de jardin en friche. Les rideaux sont tirés. La porte est verrouillée.

C'est la mère, Ayelet, qui m'ouvre. La cinquantaine. Pantalon de jogging. Les cheveux courts, et le visage barré par des lunettes en écaille. Ses yeux clairs semblent gonflés. Elle m'invite à m'asseoir dans le salon-cuisine. Une grande table vide. Des chaises. Son mari, Ori, passe et s'éclipse. C'est son anniversaire, il a cinquante-trois ans. Chauve, les épaules un peu basses. L'esprit de la famille est tout sauf à la fête. Lors de ce samedi noir, leur fils, Netta, est mort. Il avait vingt-deux ans.

« Voulez-vous un café ? »

Ayelet s'installe juste en face de moi. Elle va me raconter l'histoire de sa famille. La mère d'Ayelet est devenue canadienne après la Seconde Guerre mondiale. Ayelet est née là-bas. Mais au bout de quelques années, la famille d'Ayelet a décidé de faire comme tant de juifs à l'époque : son alya, sa montée en Israël.

« C'était après la création de l'État d'Israël. Ma famille a voulu venir ici, s'installer avec les pionniers, parmi les kibboutzniks qui vivaient près de Gaza. »

À la fin des années 1950, le kibboutz Kfar Aza venait d'être fondé. Sa localisation près de la bande de Gaza répondait à un enjeu précis : marquer le territoire, définir la frontière. Les kibboutz bornaient le pays comme autant d'avant-postes composés de civils. À l'époque, les troupes israéliennes venaient d'envahir l'enclave palestinienne. Depuis juin 1967 et la guerre des Six-Jours, Tsahal administrait la zone, sans l'annexer. Elle y resterait pendant des décennies.

« Mes parents avaient le choix. Ils auraient pu aller s'installer à Beeri ou à Nir Oz. Mais ils sont venus ici. Ils étaient socialistes. Ils aimaient cet esprit communautariste. Autre détail important : ici, à Kfar Aza, les parents pouvaient garder leurs enfants auprès d'eux. Ce qui n'était pas le cas dans les autres kibboutz. Dès qu'un enfant naissait, il était placé dans une maison spéciale, où tous les enfants étaient élevés collectivement. Pas ici. Pas à Kfar Aza. Ma mère n'aurait pas pu se séparer de ses enfants. »

Ayelet a passé toute sa vie dans ce kibboutz. Elle y a rencontré son mari, Ori. C'était pendant le shabbat, dans un champ de coton. La famille d'Ayelet était réunie avec la famille d'Ori. Ils partageaient le repas autour d'un gros tracteur. Ayelet avait quatre ans. Ori en avait sept. Ils ont grandi ensemble. Ils sont devenus amis, puis amants, et ils se sont mariés là vingt ans plus tard, en 1991. Ayelet et Ori Epstein.

La cérémonie de mariage a eu lieu au kibboutz, en présence des membres de la communauté, comme le veut la tradition.

« Netta est notre premier enfant. Vous savez, c'est un très joli nom. En hébreu, Netta, ça veut dire “jeune pousse”. Il est né un mois après les attentats du 11-Septembre. Et puis nous avons eu deux autres enfants. Deux filles. J’ai pu élever tous mes enfants. Je les ai gardés près de moi au kibboutz, tous les trois, dans une maison que nous avons louée et qu’on a pu acheter à la fin, en 2016. »

Soudain, Ayelet se lève. Je la suis du regard. Je ne sais pas ce qu’elle va chercher. Elle fouille dans un gros sac, en extrait une photo. Elle met quelques secondes à réprimer un sanglot. Elle éclaircit sa gorge et m’explique que c’est une photo de Netta.

« C’était un bon garçon. Facile. Souriant. Généreux. Tout était simple avec lui. Il aimait les animaux, les petits chiens, les chats… et il adorait le foot. »

Sur la photo, Netta arbore le maillot vert de son équipe de foot. Il est gardien de but et il plonge pour arrêter un tir adverse.

« Cette photo… cette photo », bredouille sa maman.

Je sais que son fils est mort en se jetant sur une grenade lancée par le Hamas. Il s’est sacrifié pour sauver la vie de sa petite amie qui se tenait près de lui. Je devine ce qui se passe dans la tête de sa mère. Ce saut. Ce sacrifice.

Quelqu’un sonne à la porte. Le mari d’Ayelet descend quelques marches, passe une tête, puis remonte. Sa femme a quitté la table pour ouvrir. Elle s’exclame joyeusement. C’est une très bonne surprise. Elle se retourne et me présente une jeune femme d’une vingtaine d’années. De longs cheveux bruns et raides. Des yeux clairs. Un visage rond, des joues de gamine. Un sourire adorable.

« Je vous présente Irène, la fiancée de Netta. »

Je suis tellement surpris que j'en reste interdit. Voilà la jeune femme qu'aimait le fils d'Ayelet. C'est pour la jeune Irène qu'il a perdu la vie. Pour lui sauver la vie. Ils devaient se marier. Ils étaient fiancés. Irène a vingt-deux ans. Elle sera pour toujours « la fiancée de Netta ». La grande cérémonie devait se tenir en avril.

Pendant que la jeune Irène discute avec le père, la mère reprend l'histoire.

La vie à Kfar Aza n'a pas toujours été facile. Surtout ces derniers temps. Pour la famille Epstein, tout a basculé en 2005 après le départ des troupes de la bande de Gaza.

En 2006, le Hamas remporta les élections législatives palestiniennes.

En 2007, la bande de Gaza fut déclarée « entité hostile » par Israël.

En 2008, les premières roquettes tirées de Gaza s'abattirent sur le kibboutz Kfar Aza.

« Pour les kibboutzniks, ça a été un vrai tournant. Pour la première fois, il y a eu des violences, avec des roquettes et des mortiers. Il n'y en avait jamais eu avant. »

Ayelet se souvient d'un vendredi de printemps, en mai 2008. Son fils avait six ans et demi. Sa petite sœur en avait à peine trois. Leur père était en train de leur donner le bain. Ayelet faisait la sieste.

Cet après-midi-là, juste avant que ne commence le shabbat, trois roquettes sont tombées.

« Le bruit m'a réveillée. Une explosion très forte qui venait de se produire tout près de notre maison. L'une des roquettes est tombée dans le jardin de notre voisin. Jimmy Kdoshim avait quarante-huit ans. Il était le père de trois enfants. Il est mort pendant qu'il faisait son jardin. Cela a changé notre perception du danger. »

À l'époque des premières roquettes, les maisons des kibboutz étaient mal protégées. Elles disposaient rarement de ces fameux *mamad*, ces pièces sécurisées, avec leurs murs en béton renforcé, leurs fenêtres équipées de volets de fer et leur porte blindée. Il n'y avait pas d'alarme capable de détecter un tir en cours. Le « dôme de fer » n'existait pas.

En 2009, les tirs se multiplièrent au-dessus de Kfar Aza. Pendant deux mois, toute la famille Epstein dut se réfugier au nord, près du port de Haïfa. Netta était alors en primaire. Il suivait ses cours à distance, mais ses copains, le foot et le kibboutz lui manquaient. La famille y retourna, espérant que la situation finirait par se calmer.

En 2011, le « dôme de fer » a été déployé au-dessus des kibboutz de l'enveloppe de Gaza.

« Ça a recommencé en 2014. Netta était à l'étranger. Il faisait un séjour aux États-Unis. C'était bien. Mais nous, on a dû repartir. Encore deux mois loin de la maison. Et puis il y a eu le cessez-le-feu. Et les autorités militaires ont dit qu'on pouvait rentrer, que c'était bon. Mais à chaque fois qu'on revenait, c'était de plus en plus dur, l'angoisse et les craintes étaient de plus en plus fortes. Je me faisais du souci pour mes enfants. Mais le dôme de fer était en place. »

Dans la famille Epstein, un troisième enfant vit le jour. C'était leur deuxième fille. Ayelet avait le cœur lourd de tous ces allers-retours. Elle aurait tant voulu les croire, les Netanyahou et consorts, quand ils prétendaient que tout rentrerait dans l'ordre, que la situation serait bientôt sous contrôle.

« Et puis, il y a dix ans, on a entendu parler des tunnels du Hamas entre Gaza et Israël. Ils étaient en train de les creuser pour envahir Israël. À ce moment, j'ai pensé que c'était terrible.

Ma pire crainte en tant que mère était une invasion des terroristes. J'ai commencé à faire ce cauchemar qu'ils arrivaient chez moi, dans ma maison, qu'ils venaient tuer mes enfants. Je faisais ce rêve affreux et je me souviens que je posais une question : si cela devait se produire où me rendrais-je d'abord, dans quelle chambre, quel enfant tenterais-je de sauver en premier ? Les deux aînés dormaient dans la même chambre. La petite dernière avait la sienne. Je me faisais des scénarios terribles. C'était une crainte. Une angoisse inconsciente tapie depuis des années, depuis cette histoire des tunnels. Et c'est ce qui s'est produit, le 7 octobre. »

C'est dans ce contexte que Netta a grandi. Parmi les alertes. Les menaces. Les assurances des autorités. Les angoisses de sa mère. Pourtant, le garçon a toujours apprécié cette vie au kibboutz. Il voulait prolonger l'expérience, la vie communautaire. Il rêvait d'y fonder sa famille.

À dix-huit ans, en 2018, Netta participa à une marche pour la paix. Il partit du Néguev et parcourut une centaine de kilomètres en cinq jours. C'était une manifestation organisée par des jeunes kibboutzniks. Ils étaient des milliers à avancer en criant : « Laissez-nous grandir en paix ! On veut la paix ! Faites la paix ! » Ils finirent par se retrouver devant la Knesset, à Jérusalem.

« La marche n'a rien donné. Il n'y a eu aucune suite, comme d'habitude, déplore sa mère Ayelet. Mais Netta avait pris conscience qu'il n'était pas seul, que ce sentiment d'insécurité, beaucoup d'autres jeunes Israéliens comme lui l'éprouvaient. Il était comme tous les habitants de ce qu'on appelle "l'enveloppe de Gaza", à portée de tirs de roquettes palestiniennes. Il aspirait à vivre en paix avec tous nos voisins, Israéliens et Gazaouis. Il fallait qu'on trouve une solution. »

Alors qu'Ayelet évoque la paix, Irène descend nous rejoindre. D'ailleurs, son prénom, en grec, signifie « la paix ». Elle prend place près d'Ayelet. Elle porte des couleurs douces : un haut pastel, un jean blanc. Elle écoute en silence. Discrète, mais attentive.

Quelque chose a changé. Quand Ayelet me parle, elle regarde Irène. Elle la prend à témoin. À moins qu'elle ne cherche à lui transmettre cette histoire, l'histoire de son fils, sa généalogie ? C'est possible.

Je reprends mes notes. Ayelet me décrit l'attachement de Netta à sa famille, à sa grand-mère morte, à la vie au kibboutz, aux copains de l'équipe de foot. Des sujets plus légers…

« Il adorait sa vie. Le kibboutz est comme une réserve naturelle. Et la vie communautaire plaît beaucoup aux enfants. Ils sont tout le temps dehors, comme dans un grand jardin. Netta passait sa vie à jouer avec ses potes. Et puis, il s'est mis à brasser sa propre bière. »

Irène éclate de rire. Un éclat franc et libre qui doit sûrement charrier des tas de jolis souvenirs. Elle se met à son tour à me parler de lui. Dans un très bon anglais, elle me livre la passion de Netta pour la bière. Pas seulement pour la boire, il était raisonnable, mais aussi pour la fabriquer.

« Y avait tout sous le lit, dit Irène. Tout le matériel nécessaire pour produire sa bière. »

Sur l'écran de son portable, elle me montre une photo de Netta avec sa cruche, ses tuyaux, l'entonnoir et le tamis.

« Il avait même fait imprimer des étiquettes pour la vendre, poursuit Ayelet.

– Oui, des étiquettes au nom de Susan.

– Susan, c'était le prénom de ma mère, sa grand-mère. »

Je les observe toutes les deux, Irène et Ayelet. La belle-mère et sa bru. Tout était prévu. L'appartement. Les fiançailles. Le mariage.

« Il voulait se marier, ici, avec toi, Irène. Il voulait faire sa vie à Kfar Aza et fonder une famille avec toi. »

Netta avait rencontré Irène à une soirée, il y a deux ans à peine. Au Green Pub avec des potes. Un message le lendemain. Une glace près d'Ashdod. Un tout premier baiser. Pas le premier pour lui, ni pour elle ; mais un vrai coup de foudre.

« Je suis tout de suite tombée amoureuse de lui. »

Dès la première semaine, Netta insista pour qu'Irène vienne faire shabbat dans sa famille. Il voulait lui présenter ses parents et ses sœurs, et lui faire visiter le kibboutz. À l'époque, la jeune fille habitait Bitzaron, un village situé plus au nord, vers la côte, derrière Ashdod, entre Gaza et Tel-Aviv.

« Quand je suis arrivée devant chez lui, Netta m'a dit : “Tu vois, là, c'est Gaza.” Mais je n'avais pas peur. Je crois que c'était la première fois qu'il ramenait une fille de l'extérieur qui n'avait pas peur. Et puis, on s'est installés ensemble.

Je suis venue vivre à Kfar Aza, avec lui, dans son appartement. Mais on faisait notre service militaire. On se voyait pendant les permissions. »

Le service militaire est obligatoire pour les Israéliens à leur majorité. À dix-huit ans, les garçons doivent servir trente-deux mois. Les filles font un peu moins, seulement deux ans. Les cas d'exemption sont rares. Ils concernent essentiellement les

Arabes israéliens, les femmes enceintes ou élevant des enfants et les juifs ultraorthodoxes.

« Netta a passé deux ans et demi chez les parachutistes, dans les unités de combat, comme son grand-père, me dit Ayelet. Mon fils voulait vraiment s'engager dans une des meilleures unités de combat. Il a tout fait pour y entrer. »

Je capte le doute sur le visage d'Irène. Cette belle harmonie ne serait-elle que de façade ? Ayelet s'interrompt.

« Il n'a pas aimé ça », coupe Irène.

La mère de Netta marque un bref silence, avant d'acquiescer.

« C'est vrai. Cette longue mission, près de Naplouse, il a vraiment détesté ça. Mon fils se sentait comme un occupant. Cela l'affectait profondément. Il n'aimait pas l'idée d'être un colon, un occupant. »

La ville de Naplouse est située dans le nord de la Cisjordanie. C'est une ville palestinienne. Depuis la guerre des Six-Jours, en juin 1967, l'armée israélienne occupe militairement la Cisjordanie. Elle protège les colons qui s'y sont installés au fil des décennies. Ils étaient quelques milliers à y vivre en 1967. Aujourd'hui, ils sont plus d'un demi-million. Pour l'extrême droite israélienne, ces implantations sont des avant-postes de la présence juive en Judée-Samarie biblique. Pour les Nations unies, ces colonies sont des implantations illégales dans les territoires occupés.

Netta Epstein a été jeté dans ce chaudron. Avec son unité, il a passé des mois à Naplouse. Il avait pour mission de tenir un check-point à l'entrée de la ville, pour filtrer les accès, contrôler les sorties.

Sa mère se souvient qu'il le vivait très mal. Il se plaignait souvent de ce qui s'y passait. Les vexations infligées aux civils palestiniens. La brutalité de ses frères d'armes. Netta n'était pas un militant pacifiste. Il n'était pas engagé dans une association d'activistes. Mais il avait cela au fond de lui, cette aspiration.

Un jour, Netta dirigea un groupe de soldats sur ce point de passage. Un de ses hommes s'en était pris à un civil palestinien. Netta n'a pas supporté ça. Il s'est interposé. Son soldat s'était montré violent sans raison. Netta a essayé de l'arrêter par les paroles. Mais l'autre s'acharna.

« Mon fils a chopé ce soldat et lui a gueulé dessus. Il est impressionnant quand il est en colère. Avec son mètre quatre-vingt-quatre, il peut faire peur. Finalement, cette histoire s'est retournée contre lui. Il a été convoqué par l'état-major et s'est fait sanctionner. »

Pendant que la mère raconte, Irène fouille son portable. Son pouce balaie l'écran. Elle aussi faisait l'armée, à l'époque. Elle était dans le renseignement. Infiltration. Écoute. Synthèse. Elle avait suivi plusieurs types de formation. Elle n'en dira pas plus. Pas le droit. Quand on fait son service dans les services secrets, on signe une charte de confidentialité.

Après quelques secondes, Irène relève la tête. Elle semble désemparée. Ses yeux sont brillants. Elle se rappelle très bien l'épisode de Naplouse. C'était il y a un an, en août 2022. Irène est née le 28. Le jour de l'incident, elle fêtait son anniversaire, ses vingt et un printemps. Ce soir-là, Netta l'a appelée.

« Il était en colère, très en colère. Ce soldat s'était montré violent sans raison. Netta ne l'a pas toléré. Il refusait que ses hommes soient brutaux gratuitement. Alors, il l'a interpellé, mais l'autre, le soldat, l'a très mal pris. J'étais triste pour Netta. Je comprenais sa colère. Au téléphone, je lui disais qu'il avait eu de la chance d'être élevé dans une maison tolérante, avec des parents pleins d'amour, de respect pour l'autre. Mais que ce n'était pas le cas de tout le monde. Je lui disais que, ce soldat, il avait peut-être traversé des trucs durs. "Il n'a pas été élevé comme toi." Netta ne comprenait pas. »

Voilà pour le premier réflexe. Calmer sa colère. L'apaiser. Tenter même à distance de lui faire entendre raison. Elle espérait aussi le retrouver malgré tout. Ils s'étaient donné rendez-vous pour fêter son anniversaire à Jérusalem. Mais Netta était collé, retenu à la caserne. Interdiction de quitter son poste. Il a passé la semaine à Naplouse, à une demi-heure à peine d'Irène et de Jérusalem.

« J'étais tellement déçue, me dit Irène. C'était ma fête. C'est important une soirée d'anniversaire, non ? Mais bon. On a rattrapé ça. On s'est vus quelques jours plus tard quand il a décroché une permission et que j'ai pu prendre la mienne. Tout était pardonné. »

Les mois passèrent. Netta comptait les jours. Irène s'impatientait. À la fin de son service, elle s'était installée chez lui. Elle s'occupait de son mieux en nettoyant les murs, en repeignant le salon. C'était un petit appartement situé près des parents de Netta, dans le kibboutz de Kfar Aza. Irène avait acheté des fleurs. Aménagé leur chambre qui servait de refuge, avec ses murs épais en béton armé. Souvent, Irène allait voir Ayelet, sa future belle-mère. Elles s'entendent bien toutes les deux. Tout était allé si vite. Irène et Netta avaient formulé le souhait d'être de jeunes parents avec une famille nombreuse.

« Un jour, je lui ai dit que je venais d'acheter ma robe de mariée, c'était en mai dernier. Tout de suite il est allé chez sa mère pour le lui dire. J'avais même fait une vidéo, et je lui ai montré. Je sais, je n'aurais pas dû, ça porte malheur… »

La date du mariage était calée, il devait avoir lieu ici, au milieu du kibboutz Kfar Aza. Sur la grande pelouse qui, des années plus tôt, abrita le mariage des parents de Netta, et le mariage de ses grands-parents, sous la même *houppa.*

« Je voulais grandir et élever mes enfants ici avec lui. C'est un endroit formidable… mais… je… je ne sais pas… je pense que notre âme sait. En un an et demi, nous avions vécu tant de beaux moments.

Nous avions trouvé le nom de nos enfants. Mais quelque chose savait que nous n'avions pas beaucoup de temps, pas assez de temps pour vivre tout cela. »

L'amour, la mort

La veille du raid du Hamas, tout va bien à Kfar Aza.

Vendredi 6 octobre, les habitants du kibboutz préparent une belle fête, un moment de communion autour des « cerfs-volants de la liberté ».

Dans un esprit de paix et de liberté, les familles du kibboutz fabriquent des cerfs-volants. Chacun construit le sien, avec des bouts de bois et des morceaux de tissu. Des messages sont inscrits à l'adresse des voisins. Des appels à la paix. Des signes d'apaisement avec les habitants de la bande de Gaza. Toute la famille Epstein est à l'œuvre.

« C'est un événement très important pour nous. Symbole de paix. Cela existe depuis le début de notre histoire », me confie Ayelet, la mère de Netta.

Depuis une quinzaine d'années, un couple se charge de fournir tout le matériel et les modes d'emploi nécessaires. Ce sont les Kutz. Le mari est le meilleur ami du père de Netta. Ils ont grandi ensemble. Ils sont comme deux frères. Mais le jour des cerfs-volants, c'est à qui fera le plus beau, ou capable de voler le plus haut.

Pour tous les kibboutzniks, c'est très important que le cerf-volant puisse se dresser haut dans le ciel.

« Il le fallait pour que nos frères palestiniens vivant de l'autre côté de la frontière puissent les voir. »

Je tique sur la réponse d'Ayelet. Je souligne le mot qu'elle vient d'employer : « frère » ? Elle confirme :

« Oui, oui, je dis nos frères. Nous faisions cela pour que nos frères palestiniens puissent lire nos messages de paix. Et tant pis si nous n'avions pas de retour. Nous n'attendions pas vraiment de retour. Nous le faisions parce que nous trouvions cela important. »

Le samedi matin, les familles du kibboutz peaufinent les derniers détails. Des centaines de baguettes, des mètres de tissu, des kilomètres de fil traînent sur toutes les tables, dans les foyers de Kfar Aza.

Les Kutz sont les premiers levés. Chaque année, ils préparent le plus grand et le plus beau des cerfs-volants. Le couple et ses trois enfants de dix-neuf ans, dix-sept ans et quinze ans dominent largement en matière de créativité.

Chez les parents de Netta, l'enjeu est moindre. D'ailleurs, ce matin, son père et sa mère feraient bien une petite grasse matinée.

À 6 h 30 du matin, les sirènes retentissent. Les premières roquettes butent sur le « dôme de fer ».

Les batteries de missiles antimissiles s'activent. Elles sont très efficaces, mais pas à cent pour cent.

Ayelet et son mari se réveillent en sursaut et filent se réfugier dans la chambre de leur fille, Alma. C'est ici qu'ils se retrouvent à chaque nouvelle alerte.

Leur fils Netta et sa jeune fiancée Irène sont chez eux, dans leur appartement. Leur *mamad*, c'est leur chambre.

La troisième fille de la famille Epstein est absente. Elle dort à Tel-Aviv.

Au bout de quelques minutes, les alarmes passent au rouge. Ce ne sont plus seulement des roquettes qui menacent le kibboutz, mais aussi des terroristes : « Alerte rouge ! Alerte infiltration ! Alerte rouge ! »

« Dès le début, raconte cette mère de famille, nous avons entendu des coups de feu, des explosions de grenades. C'était très bruyant ! très effrayant ! »

Quelques minutes plus tard, Ayelet, la mère de Netta, reçoit un premier appel. C'est le grand-père Epstein. Il a quatre-vingt-un ans. Il est en mauvaise forme et peine à se déplacer. Il habite au kibboutz, lui aussi. Il a entendu les sirènes. Mais ce qui l'inquiète, c'est que sa femme est sortie, qu'elle a dû tomber quelque part et qu'elle ne répond plus.

Ayelet est encore en pyjama. Tout s'enchaîne si vite. Elle n'a pas eu le temps de faire sa toilette et propose cette idée : pendant que son mari reste avec la petite, elle va courir là-bas, pour aider les aînés de la famille.

Au même moment, plus loin dans le kibboutz Kfar Aza, Netta et Irène se réveillent en sursaut. Adieu les cerfs-volants. Ils tirent les rideaux de fer et se cloîtrent dans leur chambre. Tout est bien fermé. Tout, sauf la porte, qui n'a pas de serrure. Les portes de *mamad* n'ont jamais de verrou. Elles ont été conçues pour faire face aux roquettes. En cas de bombardement, il faut que les secours puissent y accéder. Pas de verrou, donc. Personne n'imaginait un raid terroriste...

« On est restés assis sur le lit, Netta et moi, à parler, essayer de comprendre ce qui se passait dehors. »

Ils passent des tas de coups de fil. Aux amis. Aux parents. Aux contacts dans l'armée. Mais personne ne sait rien. Pas encore.

La mère de Netta se rue dehors. Elle entend très clairement les rafales de balles, mais elle ne voit rien, pas la moindre silhouette. Pourtant, le jour s'est levé. La maison des grands-parents est à cent cinquante mètres. En pyjama et en baskets, elle court aussi vite qu'elle peut, courbée, la tête couverte contre d'éventuels éclats de roquettes ou de balles.

« Dès que je suis arrivée, j'ai vu ma belle-mère allongée devant le porche. Je me suis précipitée, pensant qu'elle était tombée. Mais j'ai vu le sang autour. Et les douilles par terre. C'était affreux. Elle était morte. »

Ayelet prend conscience que les terroristes sont bien là, dans le kibboutz. Et ils viennent de tuer sa belle-mère.

Elle se penche et l'attrape. Par les mains. Par les pieds. Elle se tourne finalement pour tenter de la tirer vers la maison devant. Impossible. Le poids. La peur. La panique. La pensée que les terroristes rôdent. Ayelet gagne le salon et rejoint son beau-père.

Dans leur chambre sécurisée, Irène et son fiancé reçoivent le coup de fil d'Ayelet. Netta répond. Son visage devient blême. Sa mère lui apprend que sa grand-mère est morte, assassinée. De plusieurs balles dans le corps et la tête. Irène se souvient de la réaction de Netta.

« Netta s'est effondré. Il s'est mis à pleurer. Je l'ai embrassé. J'ai essayé de l'entourer de mon mieux. On s'est retrouvés comme ça, tous les deux, enlacés au bord de ce lit. Il pleurait et moi aussi, mais en silence, sans faire de bruit. Parce qu'on venait de comprendre ce qui se passait. Ils étaient vraiment là. Il ne fallait pas qu'ils nous entendent. On murmurait à peine. »

La mère et le grand-père de Netta se réfugient dans la pièce sécurisée, assis côte à côte, sur un petit canapé. Ayelet entend d'autres coups de feu. Des centaines.

« Ça tirait de partout. Et puis, j'ai entendu que ça se rapprochait. »

Les terroristes sont là, dans la maison d'en face, juste à côté, chez les voisins. Ayelet entend des cris, des pleurs, des appels au secours. Elle fait signe au grand-père de ne plus dire un mot, un doigt sur la bouche, la main sur l'épaule, et fait de son mieux pour qu'il garde son calme. Pas simple quand tout son corps tremble.

Pendant qu'elle tend l'oreille, Ayelet se dit qu'elle a eu de la chance. À quelques minutes près, elle aurait pu tomber sur eux, elle aussi.

« C'était un vrai miracle que je puisse sortir sans me faire tuer. »

Entre les kibboutzniks quelques infos circulent. Les noms des premiers morts. Mais où sont les soldats ? Que fait l'armée ? Des groupes de défense font ce qu'ils peuvent dans le kibboutz. Une dizaine de civils ripostent de leur mieux. Ils ont des armes, quelques fusils – certains sont des amis de Netta et d'Irène. Mais ils sont trop peu nombreux pour faire face à l'attaque.

Vers 9 h 30, Netta reçoit un appel. C'est sa mère, Ayelet.

« On a compris que si elle appelait c'était que c'était important, car plus personne ne parlait, on ne faisait plus de bruit. Elle nous a dit qu'Ofer, l'oncle de Netta, venait d'être assassiné. On a commencé à paniquer. On a compris que ce n'était pas un ou deux terroristes qui étaient là dehors, mais beaucoup, et qu'ils étaient là pour nous tuer, tous. »

En fin de matinée, Irène et Netta distinguent très clairement des bruits de voix qui se rapprochent. Des crissements de semelles remontent le couloir. Ils se cachent de leur mieux, dans un coin de leur chambre. Irène aperçoit trois ombres qui passent la porte. Ils sont là. Dans leur appartement. Elle voit leurs fusils. Une main jette une grenade. La boule de métal rebondit sur le sol et explose dans leur chambre, de l'autre côté du lit.

« Regardez, me dit-elle. Je veux vous montrer ces images. J'y suis retournée il y a deux semaines. On peut voir l'impact de cette première explosion. Regardez les trous dans le mur. »

J'ai vu les images. J'ai aussi retenu ce qu'elle a dit. Irène a évoqué une première explosion. C'est qu'il y en a eu d'autres.

« Oui. D'ailleurs, j'ai des acouphènes, depuis. »

Après l'explosion, Irène et Netta entendent les terroristes qui se mettent à hurler, parfois même en hébreu. L'un d'eux lance : « Vous êtes où ? Vous êtes où ? »

Ils fouillent toutes les pièces. Le salon. La cuisine. La penderie. Les placards. C'est tout petit, chez eux. Un deux-pièces très standard. Cinquante mètres carrés pour un drame à huis clos. Trois terroristes. Deux civils non armés, cachés dans un coin, de l'autre côté du mur.

Un pied pousse la porte de leur chambre. Une main gantée de noir jette une deuxième grenade.

Elle rebondit sur le mur d'en face, roule sur le lit, tombe près d'Irène et explose.

« Cette deuxième grenade m'a blessée à la jambe. Rien de très grave. J'ai eu de la chance. C'était que des éclats dans les os. Mais je saignais beaucoup et je n'entendais plus rien. »

Sans jeter un œil dans cette chambre, les terroristes balancent une troisième grenade !

« Près de moi, j'ai entendu hurler "Grenade !". Dans l'armée, on nous forme pour protéger les civils. On nous apprend que si une grenade est lancée dans la foule, il faut se jeter dessus pour sauver les gens. Ils avaient envoyé cette grenade. Netta venait de hurler avant de se jeter dessus pour me protéger. »

Les trois terroristes comprennent qu'il y a quelqu'un dans cette pièce. Ils ont entendu le cri. Puis ils l'ont vu sauter. Par la porte entrouverte, les trois tueurs du Hamas tirent pour abattre Netta. Il demeure allongé. Son corps tremble sous les rafales. Mais il ne bouge pas. Il reste sur cette grenade jusqu'à ce qu'elle explose.

Irène n'a pas fini. Pour la énième fois depuis qu'elle me raconte ces minutes effroyables, elle reprend par cette conjonction : « Et puis. » Irène déroule les faits. Elle rassemble, dans l'ordre, les éléments du drame. Les étapes de l'horreur.

Et puis, le coup de fil.

Et puis, la première grenade.

Et puis, la deuxième.

Et puis, le cri de Netta…

« Et puis, ils ont lancé une quatrième grenade. Et puis, le feu a commencé à se répandre dans notre chambre. »

Irène n'ose plus rien faire. Ni bouger le bras. Ni appeler l'homme qu'elle aime. Il est mort. C'est certain.

Les terroristes sont toujours là, dans le salon. Il semble qu'ils sont en train de se battre, de répondre par des tirs à d'autres tirs venus d'ailleurs. Irène se demande si les soldats de Tsahal ne seraient pas justement en train de répliquer. Depuis le temps qu'ils attendent ! Six heures depuis les premières sirènes d'alarme...

Le feu enfle dans sa chambre. Les rideaux sont en flammes. Dans cette petite pièce, la chaleur grimpe rapidement. Leur petit nid d'amour transformé en piège infernal. Irène est persuadée qu'elle va bientôt mourir, asphyxiée ou criblée de balles de kalach.

À l'abri de ce seul mur, elle cherche son téléphone. Il vient de tomber de sa poche. Elle balaie son écran et cherche le nom du père. Ori. Elle veut l'informer que son fils vient de mourir. Il faut qu'il sache qu'il a sauté pour elle. Il faut que le monde sache que l'amour de sa vie lui a sacrifié la sienne.

À quelques rues de là, de l'autre côté du kibboutz, Ayelet et son beau-père reçoivent l'information. Netta vient de mourir. Son fils vient de mourir. Elle imagine la scène. Netta si courageux. Netta dévoué. Il aime tellement Irène. Ayelet tente de la joindre. Elle refuse de l'admettre. Elle voudrait qu'Irène prenne le pouls de son fils. Il n'est peut-être pas mort. Il respire peut-être encore. Car ce n'est pas possible. Son fils ne peut pas mourir. Pas Netta. Non. Pas lui !

« J'ai fini par comprendre qu'il n'y avait plus rien à faire. Oui, il était mort. Mais Irène était en vie. Il fallait qu'on la tire de là. »

La chambre d'Irène devient irrespirable. Le feu lèche le plafond. Les murs sont brûlants. Son téléphone vibre. C'est le père de Netta.

« Je ne savais plus ce que je devais faire. Il m'a dit d'essayer d'éteindre le feu. Mais je ne pouvais pas. Si j'avais bougé, ils m'auraient repérée. »

Prise au piège, mortifiée, Irène saisit pourtant sa chance. Elle devine à leurs bruits que les terroristes se déplacent. Leurs cris et leurs tirs s'éloignent. Ils vont quitter les lieux. Patience. Il faut qu'elle garde patience. Tout n'est peut-être pas perdu.

La mère de Netta alerte le groupe WhatsApp du kibboutz. Des soldats sont bien là. Ils sont en train de se battre contre les terroristes. Ils essayent de les déloger. Irène ne s'était pas trompée. Maintenant, il faut qu'ils aillent la chercher. La mère de Netta multiplie les messages. Il faut ! Il faut ! Elle les supplie de faire vite parce qu'il y a le feu chez Irène.

Mais elle n'est pas la seule. Les terroristes tuent, achèvent et incendient. Ils sont plusieurs dizaines à semer le chaos dans tout Kfar Aza. Près de soixante-dix terroristes du Hamas pour sept cents habitants. Un pour dix. Lourdement armés. Le bilan s'alourdit d'heure en heure.

« J'ai pu joindre une soldate qui venait de l'extérieur. Il a fallu que je la guide [il n'y a pas de noms de rue, aucune indication pour s'orienter dans les kibboutz], mais la ligne était mauvaise. Comme les terroristes avaient détruit une antenne relais, ça passait mal. La soldate avait beaucoup de difficultés à me comprendre. »

La voie est libre. Irène se déplie et rampe vers le salon. Par terre, elle bute sur des douilles encore chaudes. Des dizaines de douilles jonchent le sol. Elle pense à ses parents. Elle sait qu'ils ne sont pas concernés par l'attaque, ils habitent plus loin. Mais elle veut leur parler. Leur dire qu'elle les aime. Qu'ils sont les meilleurs parents du monde ! Irène veut s'excuser pour toutes leurs engueulades.

« Mais je ne pouvais pas sortir. Les terroristes étaient là. Dehors. Ils se battaient devant chez moi. »

Ayelet enrage. Son portable n'a presque plus de batterie. Impossible de guider les soldats vers Irène. Impossible de recharger car l'électricité est coupée dans le kibboutz. Que faire ? Une idée la traverse : appeler les parents d'Irène. Demander à sa famille de prendre son relais pour guider les secours.

Irène, dans son salon, attend :

« Je me suis souvenue de ce qu'on apprenait à l'armée. Quand les terroristes du Hamas tuent un soldat, ils emmènent sa dépouille pour pouvoir engager des négociations, libérer des prisonniers. Je me suis dit qu'ils allaient revenir chercher le corps de Netta. »

Irène réfléchit. Si elle cache le corps, ils devraient renoncer à rester dans ce salon. Dont acte. Elle retourne dans la chambre. Elle atténue les flammes aussi vite qu'elle peut. Puis elle roule le corps de Netta, sans vie, sous leur lit.

« Et puis, je me suis cachée derrière. Netta faisait écran. Il me cachait. Il m'a sauvé la vie une deuxième fois, car les terroristes sont revenus. Ils ont tiré dans le salon. Ils ont affronté les soldats israéliens sans me voir. »

Ayelet est près du grand-père, son portable sur les genoux. Éteint. Elle ne peut plus rien faire. Elle est coupée du monde. Coupée de son mari et de sa fille Alma. Coupée d'Irène cernée par ces tueurs. Coupée du kibboutz. Elle va devoir attendre sans rien savoir. Prier et attendre, près de ce vieux qui pleure sa femme, son gendre et deux de ses petits-fils.

« Les terroristes se sont rapprochés de la maison du grand-père. Je les ai entraperçus par la fenêtre. Ils rôdaient. Et moi je suis restée là, sans pouvoir crier, sans pouvoir faire le deuil de mon fils. Il fallait que je tienne encore, pour le grand-père et pour les survivants. »

Au milieu de l'après-midi, vers 16 heures, les soldats débarquent dans la chambre d'Irène. Ils la feront sortir puis extrairont le corps de son fiancé. Irène sera la première kibboutznik sauvée.

Cinq membres de la famille Epstein ont péri le 7 octobre.

Les cinq membres de la famille Kutz ont péri le 7 octobre. Les parents sont morts avec leurs trois grands enfants dans les bras. Leurs cerfs-volants ont disparu dans l'incendie de leur maison.

Soixante-deux habitants de Kfar Aza ont été sauvagement assassinés ce jour-là.

Dix-huit personnes manquent à l'appel. Dix-huit disparus ou otages qui vont connaître un sort tragique.

Parmi eux, un ami de Netta et d'Irène. Il faisait partie du groupe de défense du kibboutz. Ses compagnons d'armes diront qu'il avait tué un terroriste avant de se réfugier dans son *mamad.* Ils sont venus le chercher. Ils l'ont kidnappé.

Il s'appelle Alon Shamriz, mais tout le monde le surnomme Lulu. C'est un garçon courageux, un battant de vingt-six ans, pas du genre à se laisser faire, hélas. Nous reviendrons sur son histoire.

Les enfants de Nir Oz

La mère Morte

La mer Morte est l'un des sites les plus bas de la terre.

Les Hébreux la surnomment « la mer de sel ». Les Arabes la surnomment « la mer de Loth », en référence biblique à la femme de Loth, qui vivait sur ses rives et s'y serait transformée en statue de sel. La pauvre avait commis l'erreur de se retourner pour voir Sodome, la ville de son passé. Du danger de se retourner sur ses pas. Le poids de la nostalgie. Les risques des regrets. Peut-on jamais refaire l'histoire ? Renouer avec ce qui n'est plus ?

C'est toute l'existence de Galit Dan qui gît dans cette question.

Les vieux mythes remaniés. Le désert de Judée. Le Jourdain symbole de la vie et de la mort. Les eaux qui régénèrent. Le sel qui atrophie.

Il faut une heure à peine avant de s'y enfoncer. Une heure pour parcourir deux mille ans de notre histoire.

Ce désert de Judée s'étend de Jérusalem jusqu'aux rives de la mer Morte. Il est fait de canyons naturels et de collines striées de marques géologiques, comme un mille-feuille de roches sédimentaires, découpées, émiettées ; sans ombre, sans la plus petite pousse, sans le moindre trou d'eau. Tout le long du serpent de bitume qui le traverse, j'ai lu des noms chargés d'histoire. Les murs de Jéricho, la plus vieille ville du monde, un peu plus au nord. Les grottes de Qumran et ses fameux rouleaux du premier siècle de notre ère. Massada et son siège par les légions romaines.

Tout rappelle l'errance d'un grand peuple réprouvé. Et pour citer Chateaubriand qui a fait le voyage de Paris à Jérusalem, et de Bethléem à la mer Morte : « [Ce] désert paraît encore muet, et l'on dirait qu'il n'a osé rompre le silence depuis qu'il a entendu la voix de l'Éternel. »

Au détour d'un virage, la route plonge vers un lac. C'est elle. La mer gît là. Étale comme un bout de verre qui reflèterait le ciel. Tapie au fond de ces roches. Enfouie si profond sous le niveau de la mer : moins 434 mètres. C'est dans cette gangue antique qu'elle s'est rapetissée, enfouie au fil des ans, évanouie lentement au point de ne plus former que cette onde oxymorique, qui mouille sans rafraîchir, qui baigne sans irriguer.

Trois lignes la découpent en autant de frontières. Israélienne, palestinienne et jordanienne.

Je cherche le complexe hôtelier d'Ein Bokek. Cela doit correspondre à ce que je vois plus bas. Ce petit trou de verdure ponctué de carrés blancs.

Une ville dans le désert, construite de toutes pièces au bord de la mer Morte. Un resort, paraît-il.

C'est là que m'attend Galit Dan, au creux de cette oasis de buildings seventies, dans cette drôle de station devant cette drôle de mer.

Une pelouse touristique, des arbres très onéreux, une ombre artificielle et des couples de pigeons qui picorent le sable. Une colonie d'enfants surgit d'un grand hôtel et se répand en rires. Ils sont une trentaine de jeunes garçons et filles. Moins de dix ans, en moyenne. Trois adultes les suivent avec des caméras. L'un d'eux porte un tee-shirt floqué : « *Bring Them Home, Now !* » Je ne vois pas d'école. Je ne vois pas d'institution quelconque. Ces gosses viennent de l'hôtel et leur joie enregistrée s'étiole rapidement. Un adulte lève le bras. Il semble leur demander de refaire la prise.

Galit Dan m'attend plus haut, dans cet hôtel, cette étrange barre de blanc coincée entre le sel et le sable, entre mer et montagne. Un resort perdu, avec des hommes en armes qui font le pied de grue à l'entrée de son parking. Personne ici ne semble attendre le moindre touriste.

Un homme s'interpose.

Je tends mon passeport et décline le nom de celle que je dois retrouver. Le cerbère hoche la tête. Je me retrouve dedans, dans un hall majestueux. Le sol est de grès lustré comme de grosses mosaïques. La boutique de l'hôtel est déserte. Un brouhaha dans le fond attire mon attention. Des grappes d'inconnus sortent des ascenseurs. Les effluves d'une cantine se répandent dans les airs. Tous ces gens se connaissent. Ils semblent tous intimes. Je comprends à les voir qu'ils ont leurs habitudes. Les enfants que j'avais vus plus tôt à l'extérieur les rejoignent pour les suivre.

J'avais vu les portraits de la famille de Galit. Ils étaient disposés sur le plateau d'un studio de radio, à Paris. C'était la première fois que j'apercevais leurs visages. Celui de Noya, celui de Carmela, celui d'Ofer, celui d'Erez, celui de Sahar.

Je reconnais Galit Dan, petite femme aux deux billes d'yeux noirs, les traits fins, réguliers, et les cheveux poivre et sel. Elle mime un sourire et m'entraîne plus loin, vers un immense salon plein de fauteuils en cuir et de canapés clairs. Tout est très confortable, lumineux, bien tenu. Mais l'image des enfants colle au fond de mon crâne. La tristesse m'envahit. Je me figure la part d'ombre de ces vacances en or. Ils n'ont pas demandé ça. Ils jouent pour oublier. Ils ont vécu l'enfer.

« C'est la première fois que vous rencontrez des réfugiés ? » me lance-t-elle.

Sa question me prend de court. Je tourne autour du mot. Réfugiés ? Je ne vois pas les tentes de l'UNHCR. Pas le moindre humanitaire entourant ces civils comme j'en ai vu dans d'autres pays en guerre. C'est l'image qui collait à ma représentation de ce qualificatif. Mais j'ai tort. Je m'en rends compte. Un palace n'est qu'une tente quand on a tout perdu. L'essentiel est ailleurs. L'accessoire n'est nulle part tant qu'on est loin de chez soi et des siens.

Le salon de l'hôtel bruisse de conversations. Je déclenche l'enregistreur de mon smartphone pour ne pas perdre un mot de ce qu'elle va me dire, mais Galit éprouve la même angoisse que moi, le même malaise, mais pour d'autres raisons. Ce lieu ne convient pas.

« On s'en va ? » propose-t-elle.

Nous remontons le flux des réfugiés de l'hôtel. Des dizaines d'enfants, de parents, de grands-parents. Galit leur répond par des hochements de tête. Elle les connaît tous. Ils sont du même kibboutz. Ils ont été emmenés la nuit après le drame. Ceux qui étaient blessés ont été pris en charge par divers hôpitaux. Les autres sont venus là, directement. Je la suis, tête basse. Cette colère que j'éprouve, elle la ressent tous les jours. Le dépit. L'abattement. La consternation. Au pied de l'escalier qui descend vers les chambres, je remarque la longue table couverte d'un drap noir. Des bougies allumées éclairent des sourires.

Trente photos encadrées.

Trente portraits de disparus, dont celui de la mère et de la fille de Galit.

« J'habite à l'étage d'en dessous. On va se mettre là-bas, ce sera mieux », dit-elle.

Galit parle un français impeccable. Elle a hérité cette langue de sa chère grand-mère.

« Elle s'appelait Ginette, mais d'autres l'appelaient Ruth. »

Nous quittons l'escalier et poussons une porte qui donne sur le jardin. Des palmiers immenses. Des carrés de gazon. Une vingtaine de chambres et de petites terrasses tournées vers la mer Morte. La sienne est cachée derrière des tentures vertes.

« C'est pour l'intimité. Je ne suis plus chez moi depuis le 7 octobre, et puis tout ce va-et-vient. J'ai besoin de me retrouver. »

Galit écarte un drap vert et me désigne sa terrasse, trois chaises, une table basse.

L'amour d'une mère

Galit est née au kibboutz, au début des années 1970. Quelques champs et vergers séparent les kibboutzniks des Gazaouis de l'enclave. Trois kilomètres entre deux mondes. Deux millions d'habitants dans la bande de Gaza. Quatre cents personnes à Nir Oz, des paysans, des ouvriers, des ingénieurs agronomes qui font « fleurir le désert ».

Un petit paradis ? Pas vraiment. Galit a été très marquée par un usage particulier : la séparation des parents et des enfants, les nouveau-nés élevés dans une maison à part.

« Dans ce système d'éducation, on casse la relation familiale. On brise l'attachement de l'enfant à ses parents. »

Dès le premier jour de sa vie, Galit doit apprendre à vivre loin de sa mère. On ne la fait venir que rarement. Sa mère lui manque. Mais c'est ainsi. Elle compense comme elle peut avec sa chère grand-mère, Ginette, une Française convertie au judaïsme pendant la Seconde Guerre mondiale.

Elle a fait son alya dans les années 1950. Une femme de caractère.

Adolescente, Galit se retrouve dans les appartements réservés aux jeunes filles. Elle partage sa chambre avec une jeune femme : Sharon.

« Nous sommes devenues amies, comme sœurs, Sharon et moi. C'est avec elle que j'ai grandi, dans cette chambre d'ados. »

Sharon est elle aussi une enfant du kibboutz. Les règles, les usages, elle les connaît d'autant plus que ce sont ses parents qui les ont fixés. Ils ont fondé Nir Oz dans les années 1950. Ils sont très engagés, pétris de l'idéal sioniste, communautaristes et pacifistes.

Pendant que les deux ados étudient, leurs parents manifestent pour l'ONG La Paix maintenant. Le père de Galit et le père de Sharon font des allers-retours à Gaza pour améliorer le sort de leurs voisins palestiniens. Ils sont convaincus que la cohabitation avec les Arabes est possible.

Les années passent. Galit cherche sa place. Elle éprouve au fond un manque, une insécurité, une carence affective qui complique ses relations. Avec les garçons de son âge, elle reste sur le qui-vive. Elle doute. Elle ne sait pas.

« Quand j'en rencontrais, j'allais voir ma grand-mère et je lui demandais : “Comment on sait si on aime ?” Elle me répondait : “Si on aime, on sait.” Cela ne m'avançait guère. »

La peur de l'abandon. Une fragilité sans doute renforcée par la situation. Vivre près de Gaza n'est pas de tout repos. Les tirs qui retentissent. Les bombes qui explosent. Les appels des muezzins qu'elle devine de loin. Malgré l'engagement de son père et des parents de son amie Sharon, la guerre n'est jamais loin.

« À Nir Oz, on vivait sur les bords d'un volcan. On était dans le déni. »

Un malaise profond perturbe la jeune Galit. Elle ploie sous la menace. Son inconscient travaille.

« C'est fou, mais je faisais des rêves prémonitoires. J'imaginais que les Gazaouis débarquaient chez nous, dans le kibboutz. J'avais cette crainte profonde, ce cauchemar récurrent, encore et encore. Je rêvais que ma mère était dans une maison en feu. Et moi j'étais dehors et je gueulais et j'appelais. Maman ! Maman ! C'était quand j'étais gosse. Et voilà. C'est arrivé. »

Ce kibboutz Nir Oz, Galit l'a quitté quand elle avait vingt ans. Elle voulait vivre sa vie à l'écart du « volcan », loin de ses éruptions violentes et meurtrières.

Elle s'est installée du côté de Tel-Aviv. Elle y a fait du théâtre. Beaucoup, pendant des années. Elle a donné des cours. Mais avec le temps et la confiance gagnée, une idée a germé. Un avenir possible. Des lendemains partagés. Elle s'est dit qu'elle pourrait porter une enfant, devenir mère à son tour, mais une mère différente. À trente-neuf ans, célibataire, Galit a franchi le pas.

« Je suis allée à la banque du sperme ! » me dit-elle, avant de se refermer.

Sur la petite table basse, elle saisit son verre d'eau pour y tremper ses lèvres… ou y cacher les larmes qui se forment au coin de ses yeux. Elle prononce à voix basse le nom de sa fille perdue : Noya.

Noya en hébreu, ça veut dire « beauté divine ». Cette naissance est pour elle une divine surprise. Elle y croyait à peine. Le miracle s'est produit, entraînant avec lui bon nombre de joies. Les petits sourires. Les éclats de rire. Les premiers pas. Galit s'épanouit dans son rôle de mère, même si sa fille Noya demande beaucoup de soins et une attention un peu particulière. Noya est née autiste, d'un autisme très élevé.

« Noya était si gentille. Elle disait toujours oui à tout. »

La petite fille fédère toutes les attentions. Celle de sa mère, bien sûr. Mais aussi celle de sa grand-mère maternelle. La mère de Galit qui semblait si absente fait des allers-retours. Très souvent, le week-end, elle quitte son kibboutz pour les rejoindre à Tel-Aviv. Grand-mère, mère, fille. Le passé réparé.

« Avec cette naissance, ma mère et ma fille ont noué une relation très forte, toutes les deux, de petite-fille à grand-mère. C'était bien. »

Le lien est rétabli. Les mères se prêtent main-forte. Galit trouve même le temps de poursuivre ses cours de théâtre à Tel-Aviv. Comme tout va pour le mieux dans le meilleur des mondes, une idée la reprend. Et si elle faisait un petit frère ou une petite sœur à sa chère Noya ?

Retour à la banque du sperme. Nouvelle grossesse. Nouvelle naissance. Voici venue Tamar. Encore une petite fille. Galit devient la mère de deux enfants.

« Mais toute seule, à Tel-Aviv, ça devenait lourd, trop compliqué. J'avais du mal à suivre. Je m'épuisais. J'ai donc décidé de retourner vivre au kibboutz. C'était le meilleur choix. »

Par chance pour Galit, les règles de vie ont évolué dans les kibboutz. Depuis les années 1990, une vague de réforme s'est opérée. Les parents peuvent désormais élever leurs enfants et les garder auprès d'eux, le soir, après l'école. Galit y est revenue, avec ses deux filles.

Elle retrouve ses parents. Elle retrouve les jardins et l'esprit solidaire. Elle retrouve sa sœur, qui n'est jamais partie. Elle retrouve le bonheur de vivre en plein air.

« Au kibboutz, nous vivons tous dans trois kilomètres carrés de maison. Le kibboutz est notre jardin. Nir Oz est un vrai parc avec des arbres, des fruits, tout ce qu'il faut pour être heureux. C'est là que j'ai élevé mes deux filles, Noya, l'aînée, et sa petite sœur, Tamar. »

Si les règles ont évolué dans le kibboutz, la situation sécuritaire n'a pas vraiment changé. Malgré tous les efforts des kibboutzniks de l'enveloppe de Gaza, la paix se fait attendre, c'est le moins qu'on puisse dire. Elle a même reculé depuis Netanyahou. Le « dôme de fer » est devenu nécessaire.

« Un jour, j'avais laissé Tamar à la crèche. Je m'étais dit que je pourrais en profiter pour écrire. Mais l'alarme a retenti. Vous savez, dans ces cas-là, on entend dans le kibboutz : "Alerte rouge ! Alerte rouge !" J'étais seule. Je venais de me réfugier dans la pièce sécurisée, le *mamad,* et je me suis mise à pleurer, pleurer, pleurer, pleurer de frayeur. »

Un missile creva le « dôme de fer » et tomba près de l'école maternelle de sa fille aînée, Noya. Quelques secondes plus tôt, les enfants jouaient, dansaient. Ils fêtaient un anniversaire dans une maison voisine. Le père du petit garçon qui recevait tout le monde a reçu des éclats de roquette. Il a été blessé à l'épaule.

« Il a failli mourir. C'était traumatisant. »

Après cette attaque, le kibboutz fut évacué. Pendant deux mois. Il le fut de nouveau l'année suivante.

Tirs de roquettes. « Dôme de fer. » Faille dans le système. Évacuation. Retour. Galit se pliait à ces allers-retours. Elle jouait le jeu malgré tout. Puis en chemin, elle croisa un homme. Il s'appelle Inon. Il habite à côté, dans un kibboutz situé à quelques kilomètres de Nir Oz, un peu plus au nord. Après quarante ans de doutes, après avoir élevé deux enfants presque toute seule, Galit s'abandonnait à l'amour d'un homme. Aurait-elle droit elle aussi au bonheur ?

« Inon habitait Kissoufim. En hébreu, ce mot veut dire "désirs". »

Je relève que *kiss* en anglais signifie « baiser ».

« Oui, oui, dit Galit en éclatant de rire. C'est ça ! C'est exactement ça ! J'ai déménagé là-bas pour rejoindre l'homme que j'aime. Il est divorcé. Il a deux enfants, du même âge que mes filles. Ici, en Israël, quand on se met ensemble comme ça, on appelle ça un "chapitre deux". »

Chapitre deux, pour Galit et ses filles.

La vie à Kissoufim, kibboutz voisin de Nir Oz.

La vie à deux et avec quatre enfants. La vie pleine d'espoir.

La veille de l'attaque, ils étaient tous ensemble à Kissoufim. Galit, sa mère Carmela, ses filles Noya et Tamar, et Inon, l'homme qu'elle aime. Les enfants de ce dernier étaient allés passer le week-end chez son ex-femme. Le 6 octobre 2023 tombait un vendredi. Soir de shabbat.

« Cela faisait des mois qu'on ne parlait plus de roquettes. Il n'y avait plus de tension. Nous étions plus sereines. Noya était joyeuse. Je pouvais même la prendre dans mes bras comme j'en rêvais depuis sa naissance. »

Lors de ce dîner de famille, Galit proposa que sa mère garde Noya. Elle voulait profiter d'une soirée avec Inon, son compagnon. C'est important quand on a été si longtemps une mère célibataire, seule à s'occuper de ses deux filles.

Sa mère accepta bien volontiers. Les deux adoraient se retrouver. Elle emmena donc Noya dans le kibboutz, à Nir Oz. La petite sœur Tamar allait dormir chez une amie pour une soirée pyjama. Galit et Inon allaient se retrouver.

Mais la parenthèse amoureuse ne dura pas longtemps. À minuit, Tamar appela en pleurs. Elle voulait rentrer chez elle.

Dans les bras l'une de l'autre

Galit raconte l'histoire sans que je lui pose de questions. Ça lui est venu d'un coup. La pente du traumatisme. L'élan de la conscience qui veut vider son sac, évacuer ce qui pèse au fond de la mémoire.

À 6 h 30, l'alerte rouge résonne. Le réveil en sursaut. Galit se précipite dans la chambre de sa fille Tamar. Elles se demandent ce qui se passe.

« Ça bombardait de partout. D'ordinaire, ça commence : Boum ! Boum ! Boum ! et ça s'arrête. Ce sont quelques roquettes, et puis après, on sort. Mais pas là. Non. Pas cette fois. Des roquettes par dizaines. Ça ne s'arrêtait plus. Dans la pièce sécurisée, avec ses murs blindés, je me suis tournée vers Inon pour savoir ce qu'il en pensait. »

L'incompréhension. La situation qui dure. Les bombes, encore. Et puis les premiers tirs à l'arme automatique : Tac ! Tac ! Tac !

Galit serre sa fille dans ses bras et lui répète en boucle : « Heureusement que tu es là ! Heureusement que tu es là ! » C'est tout ce qu'elle trouve à dire. C'est sans doute tout ce qui compte.

Au bout de quelques minutes, elle cherche son téléphone pour tenter de joindre sa mère et sa fille, via WhatsApp. Les alertes s'affichent sur l'écran de son portable. Les voisins de Kissoufim annoncent que des terroristes sont entrés, qu'ils sont là, dans le kibboutz.

« J'ai même reçu des images prises par les terroristes. Je me demandais comment ils avaient obtenu ça. »

Ces images viennent des commandos du Hamas. Ils filment leurs exactions parmi toutes ces maisons. Galit reconnaît celle qui est située à quelques rues derrière.

Des tas de messages fusent. Tout le monde prodigue des conseils. Il faut vite s'enfermer, tout verrouiller, les volets, mais aussi les portes. Mais elles ne ferment pas ! Les *mamad*, on l'a dit, ne sont pas équipés de serrure.

Dans un coin de la chambre, Galit remarque une barre de fer. Elle demande à Inon à quoi elle peut bien servir. Cette barre permet de barricader la porte.

À l'extérieur, rien ne va plus. C'est la guerre dans le kibboutz. Une guerre à sens unique. Un raid sans défense. Tsahal se fait attendre.

« Tac, tac, tac ! Boum ! Ça n'arrêtait pas. »

Galit tend l'oreille pour saisir ce qui se passe. Elle devine que quelqu'un vient de pénétrer chez elle. Elle a raison. Un terroriste s'acharne sur la porte de la chambre. Il essaye d'ouvrir, en vain. Galit recule, affolée. Elle pousse sa fille sous le lit, pour la cacher. L'idée d'un massacre lui traverse l'esprit. Elle met sa main sur sa bouche pour faire signe à Tamar de se taire.

Galit respire à peine. Tamar reste sous le lit. Inon est assis dessus, près de Galit, épaule contre épaule. Les cœurs battants et les corps immobiles, pour ne pas faire de bruit.

Le portable de Galit vibre. C'est un message de sa mère qui lui dit que les terroristes sont dans son kibboutz à Nir Oz, qu'ils sont entrés chez elle, qu'ils ont volé des trucs et qu'ils font des dégâts.

Galit lui demande comment elle sait tout cela.

Je les ai vus.

Comment ça ? Cachez-vous ! Ne bougez plus !

Mais sa mère s'obstine. Elle lui répond qu'elle doit se rendre aux toilettes. Galit fait de son mieux pour l'en dissuader.

« Je lui dis de pisser dans la pièce, sur quelque chose, mais surtout de ne pas sortir. »

*

À 8 heures du matin, dans une autre maison de Nir Oz, Hadas multiplie les messages sur le groupe WhatsApp familial. Hadas est la grande sœur de Galit, trois ans de plus. Elle a de longs cheveux bouclés, les mêmes traits réguliers, cette lumière dans le regard. Des petits yeux intenses. Hadas n'a jamais quitté le kibboutz où elles sont nées. Elle y a fait sa vie. Presque toute sa vie.

C'est ici qu'elle s'est mariée avec un menuisier. Ils ont fait deux enfants. Une fille et un garçon. Aujourd'hui, ce sont deux beaux ados de douze et seize ans. Le garçon a les cheveux bruns de sa mère. La fille est plus grande qu'elle.

Le mariage de Hadas a fait long feu, hélas. Hadas a divorcé. Mais le père de ses enfants s'occupe très bien d'eux. Il vit tout à côté.

Ce samedi matin, Hadas se réveille seule dans le bruit des sirènes. Elle est habituée aux tirs de roquettes, il y en a depuis des années. Ses enfants un peu moins. Dans les kibboutz situés près de la bande de Gaza, beaucoup de jeunes sont suivis par un psychologue.

Hadas sait que son ex peut gérer cette alerte. Mais elle dure. Ce ne sont pas quelques roquettes qui tombent sur Nir Oz, elles se comptent par dizaines. Ça bombarde de partout. À l'abri de son *mamad*, Hadas se demande ce qui se passe. Elle reçoit des messages de sa sœur qui s'inquiète. Elle envoie un message à leur mère, Carmela. Mais celle-ci ne répond pas. Elle adresse des messages à son ex-mari. Ofer ne répond pas.

Des rafales se répandent près de la maison de Hadas. Les terroristes se rapprochent. Ils sont tout près. Son cœur s'emballe. Ses doigts tremblent sur l'écran. Elle tape un message, à toute allure. Elle a peur pour sa vie et pour tous ceux qu'elle aime. Son fils Erez. Sa fille Sahar. Son ex-mari, Ofer. Sa mère, Carmela. Tous ceux de Nir Oz. Toute sa famille. Quelques minutes plus tard, Hadas reçoit un message vocal de sa fille : « Maman, ils sont là ! Maman, maman ! J'ai peur. »

Hadas est bouleversée. Elle est seule dans cette pièce, à l'abri de ce béton. Ses enfants sont là-bas, à quelques rues de chez elle, à portée de massacre. Car c'est bien de cela qu'il s'agit. Un terrible massacre en cours.

Sa sœur vit-elle la même chose ? Galit a de la chance, au moins, elle n'est pas seule. C'est bête, mais le drame se traverse mieux à deux. Pendant que l'un dévisse, l'autre peut trouver des bribes de réconfort.

Hadas ne le sait pas encore, mais la porte de la maison de son ex-mari vient d'être soufflée par une grenade. Les terroristes s'engagent. Ils sont entrés. Lui et ses enfants sont en danger de mort. C'est pour cela que personne ne répond.

Les terroristes tirent, en rafale, sans distinction. Ils crient, tuent, et filment leurs atrocités. Les femmes seules sont des proies. Tous ces « *Allahu Akbar !* » qui accompagnent l'horreur. À chaque fois qu'elle l'entend, Hadas frissonne d'épouvante. Que faire ? Comme des centaines d'autres, elle se cramponne à la poignée de sa porte.

Son téléphone vibre. Le nom de son fils s'affiche. C'est un message d'Erez, son petit garçon de douze ans : *Ils sont entrés. On a sauté par la fenêtre. On est cachés dans un buisson.*

Ils sont entrés ? Ils ont tiré ? Vous êtes blessés ? Où est ta sœur ? Elle est blessée ? Elle a sauté ? Où est papa ? Est-il en vie ?

Hadas écrit d'une main sans lâcher sa poignée. Des dizaines de messages. Il faut qu'elle sache. Ça va aller. Ofer est fort. Il va les protéger. Mais avec tous ces cris, il y a forcément des morts partout. Des morts derrière : des pleurs résonnent dans une maison voisine.

« Oh mon dieu, quel cauchemar. »

Ce que Hadas ignore c'est que son fils et sa fille sont seuls dans ce buisson. Erez et sa grande sœur Sahar ont soulevé le volet de fer du *mamad.* Leur père est occupé à retenir la porte pour faire barrage aux agresseurs présents. Les enfants ont eu de la chance, les commandos du Hamas ne les ont pas repérés, pas encore. Mais de là où ils sont, ils voient des choses atroces. L'ancienne nounou d'Erez, malmenée violemment. Une voisine aussi, sur laquelle trois terroristes s'excitent.

« Sahar, mais qu'est-ce qu'ils font ? Je ne comprends pas… »

La grande sœur utilise un mot qu'Erez ignore. Viol. Ils la violent. Ces terroristes sont en train de violer une voisine.

« Violer ? Ça veut dire quoi violer ? »

Erez ne comprend pas. Sahar formule des choses face à l'incompréhensible. L'acharnement de ces hommes. Cette femme qui crie au secours. Les couteaux. Le sang. Erez voudrait crier. Il panique à son tour. Sa sœur tente de le calmer. Elle explique que le viol c'est que pour les filles, qu'ils ne vont pas le violer.

Accroupis dans ce buisson, ils voient d'autres exactions. Des corps incendiés. Des tirs à bout portant. Des membres découpés pour que personne ne puisse reconnaître les corps. Deux cents ou trois cents terroristes qui tirent sur tout ce qui vit. Les chiens. Les chats. Les vieux. Les femmes. Les hommes.

À sept kilomètres plus au nord, dans le kibboutz de Kissoufim, Galit se morfond. À l'abri de son *mamad*, elle s'inquiète pour sa mère et sa fille, et pour sa sœur Hadas, et pour son neveu et sa nièce qui sont avec leur père.

Enfermée dans cette pièce avec une de ses filles et l'homme qu'elle aime, Galit lance des appels sans réponse.

« Vers 13 heures, il n'y a plus d'électricité, plus de réseau wi-fi. Plus rien. Cela fait six heures qu'on est enfermés, avec une bouteille d'eau et des bananes. On se retient de parler, de respirer, de bouger, d'aller aux toilettes. On a si peur de mourir. »

Le terroriste est là, toujours présent dans leur salon, de l'autre côté de la porte. Il tire des coups de feu. Tous ignorent ce qu'il fait. Mais il est là, c'est sûr.

Sous la fenêtre de leur chambre, derrière le rideau de fer censé les protéger, Galit et Inon entendent des murmures, des gens qui discutent à voix basse. A priori, ce ne sont pas des terroristes. Ils parlent hébreu. C'est sûrement l'équipe de sécurité du kibboutz. Elle est constituée de quelques hommes armés de pistolets et de fusils. Mais pas de quoi repousser une centaine de terroristes armés jusqu'aux dents. Galit les entend se répartir les tâches : « On va aller là. Et puis toi, tu vas faire ça... »

Le terroriste, chez eux, s'est remis à faire feu. Sur qui ? Sur les défenseurs du kibboutz ? Sur des civils ? Comment savoir ?

Galit entend d'autres voix massées sous sa fenêtre. Quelque chose s'organise. Elle est presque rassurée. Ils se mettent à tirer à leur tour, et jettent des grenades.

« Je ne sais pas bien pourquoi, mais je pense que l'un des terroristes vient juste d'être blessé. Je le pense, mais je n'en sais rien. C'est une simple intuition. »

À cette heure de la journée, Galit n'a toujours pas de nouvelles de sa mère et de sa fille. Ni de sa grande sœur Hadas. Elle ignore que celle-ci est à court de batterie. Son téléphone s'est tu.

La plupart des kibboutz situés près de Gaza ne sont plus alimentés en électricité.

*

À Nir Oz, en attendant les secours, Ofer, le père des deux enfants, saute par la fenêtre et s'engouffre dans le buisson. Les tueurs du Hamas ont quitté leur maison. Il vient se cacher avec Erez et Sahar, réunis tous les trois.

Leur mère, Hadas, ne mesure pas ce qu'ils sont en train de vivre. Elle est là-bas, toute seule. Sans électricité. Sans réseau. Sans portable. Ils sont ici, ensemble, et se cachent pour survivre.

Ofer avise la chemise blanche de sa fille de seize ans. Il craint qu'on les repère, que ce blanc se remarque dans le brun du buisson.

« Retire ça, dit-il.

– Mais papa !

– Retire-la, je te dis ! »

Sahar écoute son père. Elle ôte sa chemise et se retrouve torse nu, en soutien-gorge.

Mais cela ne suffira pas. Les terroristes les voient. Ils vont les kidnapper.

Sur la petite terrasse des rives de la mer Morte, dans ce resort transformé en camp de réfugiés, Galit reprend son souffle. Je lui presse le bras. Elle inspire.

Elle a survécu, enfermée, de 6 heures du matin à 4 heures du matin suivant. Près de vingt-quatre heures, sans rien, coupée de ses proches. Cernés. Et la peur de mourir qui ne la quittait pas.

« À 3 heures du matin j'ai entendu Tsahal. Ils sont venus pour nous. Ils se sont présentés. Ils nous ont dit qu'on avait été très courageux. »

Les soldats leur demandent de tenir. Ils reviendront plus tard. Mais quand ? Cela fait tellement longtemps qu'eux attendent qu'on les sorte de cet enfer. Il est si tard. Il fait nuit. Les soldats dans le kibboutz sont retournés se battre. Ils ne reviennent qu'une heure plus tard.

« Venez, faites vos affaires, prenez des sacs, on vous évacue. »

Galit prend d'abord un petit sac. Inon lui fait non de la tête. Ce n'est pas la première fois qu'ils évacuent le kibboutz. C'est déjà arrivé il y a dix ans.

Galit prend alors une valise. Elle glisse son ordinateur dedans. Depuis le Covid, elle a appris à faire cours à distance. Elle pense à ses élèves, comme si tout allait reprendre comme avant. Elle rassemble des affaires, au hasard, tant bien que mal, dans la pénombre. Mais une idée l'inquiète. Le terroriste. Est-il vraiment parti ? Galit fait signe aux soldats. Elle montre les combles de la maison.

« J'avais la conviction qu'il y était encore. »

Les militaires montent voir et détrompent Galit. Ils sont formels. Cela fait si longtemps qu'il sévissait chez elle. Des heures, depuis l'aube. Elle se demande comment il a pu disparaître. Mais les soldats la pressent.

« À 4 heures du matin, je suis enfin sortie et j'ai découvert tout le monde, dehors. Nos voisins du kibboutz. Des soldats nous entourent. Je pense à Sarajevo. Plus tôt, dans la journée, j'avais reconnu le bruit d'un tank dans le kibboutz. »

Galit fouille les environs du regard. Toute la journée, elle a entendu les explosions. C'était la guerre autour de chez elle.

Les soldats les encadrent, Galit, Inon et Tamar. Ils traversent une partie du kibboutz. Tout est brûlé. Tout est détruit. Leur voiture criblée de balles. On les fait monter dans un blindé.

« C'est alors qu'une voisine me dit que les terroristes ont pris tel voisin en otage. En otage ? en otage ? Comment ça, en otage ? »

C'est la première fois durant cette journée que Galit entend prononcer ce mot.

Ils ne roulent pas longtemps, sur quelques dizaines de mètres. Puis ils descendent pour continuer à pied vers l'entrée du kibboutz. Un bus les attend. Lui aussi semble blindé.

« On s'est installés et on a roulé toute la nuit dans le Néguev. Inon n'avait toujours pas de nouvelles de son ex et de ses enfants, lui non plus. »

Sous son siège de bus, Galit déniche une prise. Elle branche son portable pour charger sa batterie. Elle découvre des dizaines de messages, du kibboutz, des amis, de sa sœur aussi. Galit appelle Hadas.

« Galit, lui dit celle-ci, ici à Nir Oz c'est la Shoah. Ils ont pris en otage mes enfants et leur père, et maman et Noya.

– Otages ?

– Oui, Galit, en otage. Ils ont brûlé. Ils ont tué. Ils ont emmené plein de gens du kibboutz. »

Il est 6 heures du matin. Galit est épuisée, mais elle découvre ce qui s'est passé là-bas. Chez sa mère et chez sa sœur. Les images tournent en boucle. Elle se refait le film. Elle recolle les morceaux. Sa mère. Sa fille. Les messages sans réponse. Sa sœur est la seule à savoir, elle y était. Il faut l'écouter. Il faut la croire. Il faut se rendre à l'évidence. Les terroristes les ont emmenés à Gaza. Ils ont aussi enlevé les parents de son amie d'enfance, Sharon.

« On nous a installés dans cet hôtel. Pendant dix jours, j'ai pleuré. Pendant dix jours j'ai crié, gueulé. J'ai raconté mon histoire. J'ai fait tout ce que j'ai pu pour réclamer ma mère et ma fille Noya. Les pires images revenaient me hanter. Je m'imaginais l'horreur en regardant la télévision : ma mère, ma fille, aux mains de ces terroristes. Mais pendant ces dix jours, j'ai nourri l'espoir qu'elles reviendraient. Toutes mes hormones maternelles se bousculaient en moi. Je remuais tout ça. Ma mère devait fêter son anniversaire, ses quatre-vingts ans. »

Le 17 octobre, dix jours après le drame, Galit et ses amis célèbrent l'anniversaire de sa mère en son absence. Le lendemain, le 18, Galit éprouve le besoin de prendre l'air. Elle demande à Inon de l'accompagner sur les rives de la mer Morte. Marcher. À l'hôtel, une femme la retient et lui demande d'attendre.

« Ah bon, mais pourquoi ? lui ai-je dit. J'ai besoin de faire un tour. »

La femme insiste. Elle lui dit qu'un soldat voudrait lui parler.

« J'ai senti ma gorge se serrer. Je ne voulais pas. Je ne pouvais pas. J'ai mis une demi-heure avant d'aller le voir. »

Le militaire l'attend dans une chambre aménagée. C'est le bureau des mauvaises nouvelles.

« Il m'a dit que ma mère et ma fille avaient été retrouvées mortes. Sans me préciser où ni comment. Rien de plus. Mortes. Si vous saviez comme j'ai gueulé. Inon était près de moi. Il pleurait lui aussi. On était assis tous les deux, côte à côte. Quand je l'ai entendu pleurer, j'ai compris que lui aussi il avait perdu une fille, ma fille. Mes filles étaient nées sans père. Inon est devenu un père pour elles. »

Galit a remué ciel et terre pour avoir des détails. Elle voulait tout savoir. Les circonstances. Il fallait qu'on lui dise. Elle a mis du temps avant de retourner sur les lieux, mais elle y est allée. Au kibboutz, elle a vu la maison. Les murs noirs de suie. Un jour, elle a reçu un appel. Un militaire. Il savait.

« Il m'a dit que ma mère et ma fille étaient mortes enlacées, dans les bras l'une de l'autre. Elles sont mortes comme ça. Fusillées par les terroristes. Puis brûlées avec la maison. »

Avant que je quitte l'hôtel où Galit va résider pendant deux mois et demi, une confidence lui vient.

Pendant des années, elle a entendu les roquettes qui lui tombaient dessus et les bombes qui tombaient sur ceux d'en face, à Gaza. Sa génération a grandi dans la terreur et la haine.

« J'ai pitié pour eux. Ils n'ont pas de *mamad*, pas de pièce sécurisée. Tout ça, tout ce qui arrive, la guerre, c'est la conséquence de cette haine et de cette jalousie. Quand on voit la beauté d'un kibboutz comme Nir Oz, je comprends qu'on éprouve une immense jalousie. Les Gazaouis sont pauvres. Très pauvres. Nous avions des jardins, des arbres fruitiers, des fleurs. Eux, avec l'argent, ils ont fécondé la haine. »

Ils étaient quatre cents habitants à Nir Oz. L'attaque du 7 octobre 2023 a emporté un quart de sa population et, pour beaucoup, leurs derniers espoirs de paix. C'est le cas notamment des parents de Sharon Lifshitz, les fondateurs du kibboutz, les militants de La Paix maintenant.

Détenus par le Hamas

La liste

À Tel-Aviv, sur la « place des otages », l'écran géant affiche le nombre de jours passés. Les heures. Les secondes. Tout ce temps écoulé depuis le raid du 7 octobre. Quarante jours. Cinquante jours… Soixante…

Émilie Moatti s'est mise à fumer plus que de raison. Elle a les traits tirés. Elle dort tellement mal. Elle peine à assurer ses cours de littérature. Mais elle s'accroche. Cela fait des mois qu'elle n'a pas relu une seule ligne de son nouveau manuscrit. Son éditeur a décidé d'en repousser la sortie. C'est fou ce qu'elle peut donner, depuis le 7 octobre. C'est fou tout ce qu'elle peut faire pour sensibiliser la communauté internationale, alerter les opinions, diffuser dans la presse les témoignages bouleversants. Et pour presser les autorités françaises…

« Deux semaines après l'attaque, on a commencé à entendre parler de liste, de négociations autour des otages. Très vite, il a été question de libérer en premier lieu les femmes et les enfants. Je recevais des informations de mes contacts, notamment en France. »

En novembre, Émilie s'est rendue à Paris pour une série de rencontres au Sénat, à l'Assemblée et aussi à l'Élysée.

« Pas exactement à l'Élysée. Un rendez-vous avec le président, mais place de la Bourse. »

Des ministres étrangers, des patrons d'entreprises internationales, des militants, des leaders d'opinion.

« On nous a fait descendre dans une petite salle réservée de la Bourse. Il y avait un officiel israélien, des représentants du ministère des Affaires étrangères, l'actrice américaine d'origine israélienne Natalie Portman, et moi. Le président Macron est arrivé. Il connaissait tous les noms des otages franco-israéliens. Tous. Et même leur âge. Il a dit qu'il ferait tout son possible pour les faire libérer, que c'était sa priorité. Il avait l'air sincère. »

L'entretien ne dure pas très longtemps. Une vingtaine de minutes. Il illustre le jeu des puissances en coulisse pour tenter de faire libérer leurs otages. Les Thaïlandais négocient en direct avec le Hamas. Les Russes aussi. Les Français font de leur mieux.

Avant les premières libérations, Émilie s'est rendue pas moins de trois fois en France. Reçue à l'Assemblée, au Sénat, elle a vu Xavier Bertrand, Bertrand Cazeneuve, mais aussi Bernard-Henri Levy et surtout Manuel Valls, trois fois !

« Manuel Valls était le plus impliqué. À chaque fois, il voulait nous voir. »

Parmi tous les membres des familles engagés dans le Forum, il y a Daniel Toledano, le frère d'Elya, le garçon au sourire d'ange enlevé pendant la rave-party du Néguev. Émilie a fait plusieurs fois le voyage à Paris avec lui. Sa famille a des racines françaises.

« Ses parents vivaient à Strasbourg avant de faire leur alya. »

Il y a aussi le frère et la sœur de Morane Stella, la créatrice de bijoux kidnappée pendant le festival Nova.

Lion est le grand frère de Morane. Cheveux gris, barbe fournie, tee-shirt clair sur des épaules qui dominent. Il a dit sa stupeur lorsqu'il a compris ce qui était arrivé à sa sœur. Le coup de téléphone de Morane aux parents, à 8 heures du matin. Son père qui lui conseille de rester allongée au sol. Les centaines de messages sans réponse.

« Morane. Morany. Morane. Réponds ! »

Et puis cette vidéo diffusée sur TikTok qui la montre accroupie, les mains jointes, suppliant les terroristes de ne pas lui faire de mal. On peut clairement entendre la voix de son ravisseur se réjouir d'avoir « attrapé une chienne de juive ».

Léa est la deuxième dans l'ordre des naissances. Elle est aussi la grande sœur de Morane. Un mètre soixante-dix, traits fins, des yeux verts en amande. Les cheveux longs. Épaules droites. La taille fine.

De longues jambes. La position de ses pieds, en équerre, trahit son passé de danseuse.

Avant de se livrer corps et âme pour obtenir la libération de sa sœur, Léa a dansé sur les plus grandes scènes d'Europe. Elle a fait partie de la troupe de l'Opéra de Hanovre, en Allemagne. Elle a dansé avec la compagnie de Göteborg, en Suède. Elle a travaillé avec la plus grande compagnie de danse contemporaine, la compagnie Batsheva.

« Je n'en pouvais plus d'attendre sans avoir de nouvelles. Je me souviens que je me mettais au balcon et je hurlais son prénom. Je gueulais : "Morane, reviens, maintenant !" J'avais tant de colère. »

En novembre dernier, Léa s'est mise à faire des rêves. Toujours les mêmes. Elle voyait sa petite sœur revenir. Dans ses songes, elle boitait. Ce détail lui semblait étrange.

« C'était flagrant, je la voyais qui avait du mal à marcher. À l'époque, pourtant, je ne pouvais pas savoir… On n'avait pas d'information sur son état, sa blessure. Rien. »

Une otage parmi tant d'autres

Pendant des mois, les otages de Gaza restent coupés du monde. Massés dans des tunnels à plusieurs mètres sous terre. Répartis dans des chambres d'une ville étrangère.

Le matin de l'attaque, dans le terrain vague transformé en champ de bataille, les hommes du Hamas ont d'abord volé le portable de Morane. Puis elle s'est retrouvée accroupie sous cet arbre, avec dix hommes autour et ce jeune Gazaoui qui a compris qu'elle était juive, et pas arabe comme elle tentait de le faire croire. Ses heures étaient comptées.

« J'ai cru que j'allais mourir », me dit-elle.

Il est midi passé quand ils la kidnappent. Ils sont une dizaine à traverser le champ pour ramener leur prise. Ils se mettent à courir. Ils lui ordonnent de suivre. Ils la tirent. Ils la poussent. Mais Morane est blessée. Elle montre sa cheville gonflée. Elle claudique comme elle peut. Elle ne fait pas semblant. Deux ravisseurs l'encadrent pour qu'elle puisse poursuivre. Ils l'emmènent plus loin vers une voiture située en marge d'un sentier. Pas une grosse voiture, une simple citadine. Ils sont très nombreux à se jeter dedans.

Trois à l'avant.

Quatre à l'arrière.

Et quatre autres dans le coffre.

Morane se retrouve sur la banquette arrière, allongée sur les quatre. La frayeur. La douleur. Elle cache son visage dans ses mains. Elle les sent qui viennent fouiller son corps. Ses épaules. Ses hanches. Ses jambes. Et qui frappent. Pourquoi l'emmènent-ils ? Que vont-ils faire d'elle ?

Ils roulent quelques minutes. D'abord à travers champs, puis sur la fameuse route 232. Ensuite Morane sent la voiture brinquebaler sur un chemin de terre.

À l'arrière, ils se mettent à la rouer de coups. De coups de poing sur les cuisses, de grandes tapes dans son dos. L'un d'eux lui tire les cheveux pour qu'elle tourne la tête. Morane n'existe plus. Elle est bafouée, battue. Sa tête est soulevée pour que les autres la voient. Elle grimace de douleur et prend une nouvelle gifle. Ses cheveux dans les yeux, ses mèches dans la bouche. Un peu de sang coule. Puis elle voit qu'ils bifurquent vers une brèche dans le mur, un passage créé sans doute le matin même.

Morane serre les genoux, les cuisses. Elle a peur de ces mains, de cette violence groupée. Onze hommes en voiture et leur proie. Elle est à leur merci.

Soudain, la voiture pile. Les passagers, à l'avant, sortent en trombe pour ouvrir aux quatre autres dans le coffre. L'un d'eux fait le tour et tire la portière. Morane peine à s'extraire. Elle n'ose plus bouger. Les autres la poussent dehors. Quelqu'un tire sur sa jambe pour hâter sa sortie. Mais Morane résiste. Elle se dit que ça y est, qu'ils vont lui arracher son pantalon, lui écarter les cuisses. Morane est terrifiée. Elle se dit qu'elle va être violée, ou lynchée. Elle résiste de son mieux. Le type s'empare de son autre jambe et se met à serrer. La douleur est terrible. Sa cheville doit être cassée. Morane redouble de pleurs.

Elle se retrouve dehors. Elle ne tient pas debout. Elle s'accroche à un bras et découvre un visage qui s'approche du sien. L'homme prend un air fou. Il tourne un peu la tête et lui lance : « *Welcome to Gaza !* »

« Il m'a balancé ça d'un ton très théâtral. »

En jetant un bref coup d'œil, elle aperçoit d'immenses colonnes antiques, des vestiges qu'elle avait déjà vus dans la série israélienne *Fauda*. C'est confirmé. Elle y est. Morane est otage à Gaza.

« J'ai vu un garçon au milieu de la route. Il portait un keffieh sur la tête, un tee-shirt marron, un jean et des sandales en cuir. Il a fait le signe de la victoire de la main. Il avait l'air fou de joie, lui aussi. »

Morane détourne les yeux pour ne plus subir ça. C'est trop. Quelques hommes s'éloignent. D'autres restent près d'elle. La portière s'ouvre dans son dos. On la repousse à nouveau sur la banquette arrière de la voiture. Elle reçoit des coups de pied, des coups de poing. Elle tente de s'agripper au bras de son voisin assis près d'elle. Elle enfonce ses ongles dans son bras pour qu'il cesse. Elle l'entend qui lui hurle « *Halas ! Halas !* », ce qui veut dire « Arrête ! Arrête ! » en arabe.

Morane lui lâche le bras et, soudain, les coups cessent.

« J'ai vu d'autres types arriver. Ils sont venus me chercher à l'arrière de la voiture et m'ont emmenée plus loin. »

Qui sont les premiers ? Des civils ? De simples Palestiniens qui se sont rués dans le sillage des commandos armés ? C'est ce que Morane se dit. Car ceux qui suivent sont bien du Hamas. Elle en est persuadée. D'ailleurs, l'avenir lui donnera raison.

Ces hommes l'entraînent plus loin vers une porte coulissante, un hall blanc dallé, des femmes sur des sièges, des hommes qui marchent en blouse. Un hôpital. Une civière pour elle. Elle s'allonge. On la pousse dans un long couloir.

« Je me suis retrouvée dans une toute petite pièce. J'étais au milieu. Ils étaient une trentaine à se pencher au-dessus de moi pour m'observer. C'étaient des Palestiniens. Ils me regardaient. Ils avaient l'air d'estimer leur prise, c'est-à-dire moi, et se congratulaient. »

Une blouse blanche entre. Un médecin. Il fend la foule des curieux massés autour d'elle.

« Ce docteur était si grand que j'avais l'impression qu'il mesurait deux mètres. Des cheveux gris. Des yeux bleus. Il avait l'air gentil. Il m'a regardée et m'a dit dans un hébreu absolument parfait : “Comment allez-vous ?” En hébreu ! Je l'ai regardé et je l'ai supplié de m'aider, mais un Palestinien s'est interposé et m'a lancé : « *Askut !* », ça veut dire : « Ferme-la ! »

Morane reste allongée. Un type part avec ses bottines. Un autre s'empare de ses derniers bijoux. Les uns après les autres, ils viennent la dépouiller pendant qu'on lui plâtre la jambe. Elle a une double fracture, au-dessous et au-dessus de la cheville.

« Le médecin n'a rien fait. Il n'a pas respecté le serment d'Hippocrate. Il a bien vu que je le suppliais, mais il n'a rien fait. Peut-être pensait-il qu'il serait tué s'il osait intervenir. »

Le médecin quitte la salle. Tout le personnel soignant quitte la salle. Tous ceux qui travaillent là, dans cet hôpital, semblent être aux mains du Hamas, ou du moins sous sa coupe.

« Au bout de cinq minutes, ils m'ont ressortie de là. J'ai quitté l'hôpital. Ils m'ont mis un drap sur la tête. Ils m'ont entraînée quelque part et je me suis retrouvée dans une maison. »

Morane met du temps avant de comprendre. Ils sont une dizaine rassemblés dans cette pièce. Elle compte les pieds par terre. Dans un coin, elle remarque une paire de chaussons pour bébé. Ce détail la soulage. Elle se dit qu'elle n'est pas en prison. Non. Ces hommes la retiennent dans la pièce d'une maison. Morane est chez quelqu'un. Une main ôte le drap qui lui couvre la tête. Elle voit des hommes. Que des hommes. Ils la scrutent. Elle, assise face à eux. Elle ne le sait pas encore, mais Morane va subir son premier interrogatoire.

Sous les bombes

Cela faisait des semaines qu'on ne parlait plus que de ça. La charge de Tsahal sur la bande de Gaza. Les frappes aériennes ininterrompues. Le nombre de civils morts. Des femmes et des enfants. Des morts par milliers. Par dizaines de milliers. Le Premier ministre Netanyahou avait levé le voile sur sa vision des choses : « Ce sont des animaux humains. Nous combattons des animaux. Nous agirons en conséquence. » Ignoble ! Indéfendable !

Dès le lendemain de l'attaque du 7 octobre, Israël a lancé un appel à la mobilisation sans précédent. Plus de 350 000 réservistes de l'armée, venus des quatre coins du monde. Des jeunes. Des moins jeunes. Des garçons comme des filles. Des avions pleins d'appelés arrivaient de partout. Pour répliquer vite… et fort !

Des chiffres circulent…

2 000 morts palestiniens le 15 octobre.

10 000 morts palestiniens mi-novembre.

30 000 morts, fin février.

Beaucoup d'otages se retrouvent enfermés sous terre, dans les tunnels du Hamas. D'autres sont retenus dans des appartements ou des maisons de Gazaouis « ordinaires ».

C'est le cas notamment de Morane. Quand ses ravisseurs ont levé le voile qui lui couvrait la tête, elle s'est trouvée au milieu de huit hommes rassemblés autour d'elle. Huit hommes dans un appartement. Ils vont l'interroger, ou plus précisément tenter de la faire avouer…

« Ils étaient persuadés que j'étais une soldate. Ils ont commencé par me demander où j'avais officié. Je ne comprenais pas de quoi ils parlaient. »

Morane fabrique des bijoux. C'est son seul métier. À quarante ans passés, elle tente de gagner sa vie. Pourtant, ils s'obstinent : « Dans quelle unité ? Quel service militaire ? »

Pendant que Morane ressasse la même réponse, un homme lève le bras et pointe son pantalon. Morane baisse les yeux. Elle vient de prendre conscience qu'elle porte, sur son plâtre, un treillis similaire à ceux des soldats. Les pieds nus, en chaussettes, elle se souvient aussi que les bottines qu'on lui a volées ressemblaient fâcheusement à des rangers.

« C'est des trucs à la mode. C'est des fringues, je vous jure. C'est pas un uniforme. »

Elle a beau répéter qu'ils se trompent sur son compte, qu'elle n'est pas une soldate, ils ne veulent rien entendre. Les mots n'ont pas de prise dans cette situation. Les préjugés font rage. Les certitudes condamnent.

À l'affût de tout ce qui peut se dire, elle perçoit des bribes de leurs conversations. Elle s'accroche aux rares mots d'arabe qu'elle connaît. Elle devine que l'un d'eux prétend l'avoir vue, avant, en Israël, et qu'elle portait un uniforme et que ses épaulettes étaient pleines de galons.

Pendant que l'interrogateur poursuit en hébreu, les autres, derrière, débattent. Qui est-elle ? Pourquoi ce pantalon ? Pourquoi ces chaussures ? Que faisait-elle dans ce festival transformé en champ de bataille ?

Au cours d'une réponse, Morane manque d'attention. Elle lâche deux mots d'arabe.

« J'ai dit "*shwaya-shwaya*", ce qui veut dire "un peu", en arabe. »

Les hommes se figent.

Pour Morane, ces deux mots ne représentent rien. Tout le monde connaît cette expression basique. Elle a dit cela comme ça. Mais pour eux c'est un signe.

« L'un d'eux réagit en disant : "Oh, mais tu parles aussi couramment arabe !" »

Ces mots sont bien la preuve que cette femme est dangereuse. Tout plaide contre Morane. Elle doit être une espionne.

Depuis que l'otage a prononcé ces mots, chaque homme dans la pièce y va de son analyse. L'observe. Décortique. Projette. Elle a quarante ans. C'est donc qu'elle occupe un rang très élevé dans l'armée.

Un autre en rajoute. Il prétend que Morane aurait été vue dans le champ avec une arme, qu'elle l'aurait jetée avant d'être attrapée.

« Ils se faisaient leur film. Tout venait conforter l'histoire qu'ils s'inventaient à mon sujet. Je ne pouvais plus rien dire sans que cela conforte leur délire. »

Morane prend la mesure de la situation. Elle tente de se défendre en joignant les mains devant elle. Elle dit qu'elle est bouddhiste. Elle dit qu'elle est pacifiste. Elle dit qu'elle aime tout le monde et qu'elle a des tas d'amis arabes. Elle insiste et répète inlassablement qu'elle crée des bijoux, qu'elle est une artiste, qu'elle est pacifiste. Elle ressasse son mantra.

« Pendant deux heures, j'ai nourri l'espoir fou que ce n'était qu'un malentendu. Que, comme ils s'étaient trompés, ils allaient me ramener chez moi. Ils n'avaient pas de raison de me retenir. Je n'étais pas une militaire ; j'étais une simple citoyenne. Pourquoi me retiendraient-ils ? »

Elle ne sera pas relâchée. Une autre jeune femme va bientôt la rejoindre. Plus jeune. Elle a dix-huit ans. Elle partage la même pièce. Sa blessure à la cheville affaiblit Morane. Elle a un peu de fièvre. Elle se fait du souci : et si cela s'infectait ? Des hommes se relayent pour les surveiller ; jamais pour la soigner.

Dans la pièce où elles se trouvent, Morane distingue clairement le bruit des bombes qui s'abattent jour et nuit. Les fenêtres vibrent. Les murs tremblent. Le bruit assourdissant des explosions ininterrompues.

Les deux femmes, quelque part dans Gaza. Elles n'ont pas le droit de quitter leur coin pour aller voir ce qui se passe, pas le droit de tirer le fin rideau qui les sépare du reste du monde.

« Ils ont foutu tellement de peur en moi dès le début, ils ont provoqué une telle frayeur que même si j'avais pu aller voir, si une occasion s'était présentée, je n'aurais pas osé le faire. »

Morane et l'autre jeune fille ont reçu l'ordre de rester assises sur leurs matelas infâmes à peine plus épais que des tapis de yoga, à même le sol.

« J'ai perdu une partie de mon audition à cause de ces explosions. Quand elles se produisaient, je tremblais de tout mon corps. De peur. C'était terrifiant. »

Elle se souvient de l'attitude de ses geôliers pendant les raids de l'armée israélienne. Et surtout de celui qu'elle surnomma le Joker.

« Il adorait se moquer de nous. À chaque explosion, il accourait dans la chambre et nous narguait parce qu'on se tenait blotties dans un coin, terrorisées. »

Le Joker n'a pas peur. Probablement, il savait que Tsahal répliquerait à l'attaque, depuis le temps qu'Israéliens et Palestiniens se combattent. Trois générations. La guerre fait presque partie de leur quotidien.

« Il se plantait devant nous et se mettait à rire. Il disait que ce n'était rien, que ce n'était pas grave ! »

Contrairement à Morane, il est libre, lui, le Joker. Il peut aller, venir. Se réfugier sous une table, dans la cave, ou plus bas encore. Dans les habitations de la bande de Gaza, il n'y a pas de *mamad*, mais il y a des tunnels, des centaines de kilomètres de tunnels, pour se réfugier en cas de bombardement, ou pour acheminer des armes. Gaza est un petit territoire de six kilomètres sur douze. Le Joker en connaît chaque recoin. Il y est né. Il y vit. Et il sait qu'il pourrait y mourir.

« Un jour, il nous a donné ce conseil : "Souvenez-vous bien, les filles, si vous entendez le sifflement des missiles c'est que vous avez encore le temps de vous sauver. Mais si vous n'entendez pas ce sifflement, alors boum ! c'est qu'il est trop tard !" »

Pour ne plus avoir à subir toutes ces provocations, Morane décide de ne plus réagir. Elle s'est mise d'accord avec sa codétenue : à la prochaine explosion, elles feront comme si de rien n'était. « Qu'importe l'intensité. Qu'importe la puissance. On ne bougera pas, on ne mouftera pas, d'accord ? On va rester là sans bouger. Rien. Et quand il va entrer dans la chambre, je vais lui sourire, d'accord ? »

Sa codétenue acquiesce. Elle est tellement plus jeune. Elle a besoin de Morane pour lui dire que faire et pour la rassurer. Morane est son seul point d'ancrage, sa planche de salut. La pauvre gamine, ce qu'elle doit subir…

Il faut très peu de temps avant qu'une nouvelle explosion retentisse.

Une bombe tombée tout près. Un fracas monstrueux. C'est peut-être l'une des plus grosses déflagrations qu'elles aient jamais entendues. Morane jette un œil vers sa voisine. Il faut faire cet effort, désamorcer le drame. Échapper à l'emprise. Leurrer leur bourreau. Ce sera leur victoire sur l'horreur. Leur petite victoire.

« Le Joker est entré en courant, mais on n'a pas bougé d'un cil. Alors il nous a regardées et il a dit : "Oh ! Je vois que vous n'avez pas peur !" Et nous, on ne répondait pas. On acquiesçait en silence d'un air de défi. Mais au fond de nous, on tremblait de frayeur bien sûr. »

Pourtant, pour Morane et la jeune fille, un déclic se produit. Elles franchissent un cap. Quand d'autres bombes s'abattent, elles se regardent, complices. Elles se soutiennent pour supporter. C'est leur combat intérieur, leur façon de résister. Et le plus étonnant, c'est que la peur diminue.

« Un jour, j'ai violé l'interdit. Je me suis levée pour aller voir à la fenêtre. Juste un coup d'œil. Je me souviens parfaitement que j'ai vu des tas de maisons grises. Toutes les maisons du quartier étaient identiques, grises. Et j'ai aperçu du linge qui séchait sur une corde. Il y avait des draps avec des motifs léopard imprimés. Un oreiller rose. Je me suis dit : waouh, ça, ça pourrait faire un bon point de repère pour signaler le lieu où on se trouve. Mais ce n'était qu'une idée comme ça. Je n'ai jamais pu retourner voir à la fenêtre. »

Jour après jour, Morane et l'autre fille tiennent bon. Elles survivent, malgré tout. Ce n'est pas le cas de tous les otages.

Manipulations

Morane Stella a longtemps ignoré ce qui se passait dehors. Avant d'être libérée, elle ne savait rien de ces milliers de personnes qui se mobilisèrent, des nombreux bénévoles du Forum des familles, des manifestations, de toutes ces affiches collées, des concerts tous les soirs sur la « place des otages », des arbres emmaillotés de petits tricots jaunes pour rappeler qu'à Gaza, il y a aussi des otages nourrissons. L'un d'eux, Kfir Bibas, n'avait que huit mois quand il fut kidnappé. Elle ne sait rien du pays rassemblé. De l'Occident soulevé par les images affreuses, et puis retourné par ces tapis de bombes qui firent des dizaines de milliers de morts chez les Palestiniens.

Pendant sa détention, Morane n'a eu qu'une très vague idée de l'ampleur du massacre. Elle n'avait pas vu les corps pendant qu'on la traquait. Pourtant, au fil du temps, elle a été retenue avec d'autres otages, des jeunes filles. Certaines lui ont confié ce qu'elles avaient traversé, ce à quoi elles avaient survécu : les pièces du puzzle ; des aperçus de l'enfer.

« J'en ai croisé plusieurs, qui venaient d'un peu partout. Du festival dans le Néguev, mais aussi des kibboutz. »

Morane n'a pas le droit de me donner des noms, d'évoquer d'autres otages. Mais elle en a cotoyé plusieurs. Au moins quatre.

Jour après jour, elle s'est battue pour tenir. Un combat quotidien, à armes inégales. À répéter sans cesse qu'elle ne comprenait rien à ce qui se passait, qu'elle ignorait tout de la situation à Gaza, qu'elle ne lisait jamais les journaux, qu'elle n'écoutait jamais la radio ou la télévision. Une simple créatrice de bijoux pacifiste, végétarienne et bouddhiste. Elle a dû le répéter, encore et encore, même s'ils ne voulaient rien entendre, même s'ils lui ordonnaient de se taire.

« Je voulais qu'ils me croient désemparée. J'essayais de leur faire entendre par tous les moyens possibles que j'étais dépassée. Je m'étais mise dans la peau d'une parfaite innocente, mais ce n'était qu'un jeu. S'ils avaient pu fouiller dans mon ordinateur, ils auraient vu que j'étais tout le contraire », me dit-elle, en éclatant de rire.

Depuis qu'elle a vingt ans, Morane se passionne pour l'espionnage. Elle rêve de faire partie du Mossad. Pendant des décennies, elle a regardé tous les films, tous les documentaires sur les services secrets.

« Mon disque dur est plein de récits et d'enquêtes du monde entier. Et je suis sûre que ça m'a beaucoup aidée à tenir, vraiment ! »

Elle se souvient en particulier d'une série documentaire diffusée sur Netflix : *Entre les murs des plus dures prisons du monde.* Le pitch est simple : des journalistes d'investigation se font volontairement enfermer.

La première saison de la série date de 2016. Le journaliste irlandais Paul Connolly a inauguré le bal en se faisant enfermer plusieurs semaines dans la prison de Danli, au Honduras ; ensuite, il a séjourné dans la prison de haute sécurité de Piotrkow, en Pologne ; puis avec les barons de la drogue mexicains, à El Hongo.

« Parmi tous les épisodes que j'ai vus, il y en a un qui m'a beaucoup servi. C'était l'un des premiers, au Honduras. Là-bas, les gardiens doivent sans cesse négocier avec les détenus. Ce sont les prisonniers qui ont la haute main sur les lieux. Et un jour, on était dans une situation très complexe et je m'en suis servie pour faire face à nos geôliers. »

Il a fallu deux secondes pour que Morane se reprenne, fasse abstraction de ce film et revive la scène. Quand elle se livre à moi, elle a quitté le monde virtuel de Netflix. Le souvenir qui l'assaille vient de Gaza. Il est palpable. Rude. Mauvais. Méchant. Mortel. Elle hésite à poursuivre.

« Je ne sais pas trop comment évoquer la chose sans donner de détails. »

Morane hésite depuis qu'elle est sortie, elle a dû recevoir des consignes. Une enquête internationale est en cours sur les violences et les viols perpétrés contre les femmes otages par les hommes du Hamas. Le sujet est sensible. Pour l'apaiser, je lui dis simplement que je devine la suite. Je lui dis que j'ai compris que cela concernait les autres filles. Morane confirme d'un signe. C'est bien de cela qu'il s'agit.

« Quelque chose s'est produit, dit-elle. Je m'étais toujours dit que si cela devait m'arriver, je prendrais sur moi, que, bon, je m'en sortirais. Mais cela concernait… [elle s'arrête et se reprend] … si un geôlier s'en prend à une autre otage, ça devient un problème. »

Je lui demande comment elle a réagi devant cette situation.

« J'ai pris un risque énorme. Cela s'est produit après qu'il avait tenté de le faire quatre fois avec moi. Et c'est là que je me suis dit qu'on avait peut-être, paradoxalement, une prise sur lui ; avec ça justement. »

Pour que je comprenne bien, Morane me rappelle tous ces films qu'elle a vus. Depuis qu'elle est retenue, elle s'est mise dans la peau d'une journaliste d'investigation. Elle observe tout. Elle mémorise tout. Elle décortique tout, même les silences et les non-dits.

« Et je suis parvenue à deviner qu'il n'avait pas le droit de nous faire quoi que ce soit. Il devait simplement nous garder en vie. S'il ne le faisait pas, leur supérieur le lui ferait payer cher. »

« Il », c'est l'un des deux geôliers présent à ce moment de son récit.

« J'ai eu beaucoup de gardiens différents pendant deux mois, mais là, je vous parle d'un de ces deux-là, spécifiquement. »

Le moment qu'elle décrit s'est produit au milieu de sa captivité. Cela faisait des semaines que Morane observait ses geôliers et la situation. Elle avait traversé des situations très complexes.

« Je me sentais presque immunisée. »

Puis elle a senti qu'elle tenait quelque chose. Elle était la proie, vulnérable. Le moment était venu de s'inspirer de ce qu'elle avait vu sur Netflix, dans cette prison du Honduras, pour bouleverser le cours des événements, pour tenter de renverser la situation.

« J'ai dit à l'autre fille ce qu'elle devait faire. J'y avais pensé avant, toute la nuit, et je lui ai dit ce qu'elle devait dire et à qui elle devait le dire. Parce que le gars, il savait qu'il avait fait quelque chose de mal. Et il est rentré dans la chambre pour renifler la situation, pour voir si elle avait dit quelque chose, pour sonder la situation. »

Au bout de quelques instants, l'homme s'installe devant Morane et sort un paquet de cartes. D'ordinaire, il ne vient jamais seul pour jouer aux cartes avec elle.

« Avant, à chaque fois qu'il jouait avec moi, il n'avait pas le moindre respect. Il me balançait les cartes à la figure. Il me narguait. Il se foutait de ma gueule. Mais je m'en foutais. Je tenais bon. »

Cette fois, la donne change. Il s'assied, la tête basse. Il est calme. Morane observe ses gestes, elle analyse son langage corporel. Pendant toute la partie, il ne jette plus ses cartes et ne lui manque plus de respect.

« J'ai renversé les choses. Cette fois, c'est moi qui ai balancé les cartes, c'est moi qui lui ai manqué de respect. Je voulais le provoquer. Je voulais voir comment il allait réagir. S'il était en colère. Je voulais voir jusqu'où je pouvais repousser les limites. »

La partie dure une vingtaine de minutes. Du début à la fin, le geôlier de Morane ne réagit pas. Rien.

« Pourtant, j'étais vraiment odieuse. Je plantais mon regard dans le sien, je gardais le front haut. Je lui ai fait tout ce qu'il m'avait fait subir. »

À la fin de la partie, l'homme se lève sans un mot. Il éteint la lumière, ferme la porte et part.

« Il savait qu'il avait fait quelque chose de mal et qu'il était en mauvaise posture. »

Dans la chambre plongée dans l'obscurité, Morane a les mains qui tremblent. Elle prend une grande inspiration pour tenter de se calmer. Elle sait qu'elle vient de prendre un risque considérable. Il aurait pu la passer à tabac. Il est agressif et violent. Il ne se retenait pas, d'ordinaire. Il prenait du plaisir à lui faire sentir qu'elle était sa proie, sa chose. Il semblait tellement fier de détenir une soldate. Il a même fait venir d'autres gens pour qu'ils voient ce qu'il détenait.

« Comme si j'étais un animal dans une cage. »

Le lendemain matin, le second gardien entre dans la chambre des otages. La partie va reprendre. Morane saisit sa chance, elle sait qu'avec celui-là, les choses sont plus simples. Il est moins brutal que le premier. Elle pense même qu'il l'apprécie. Morane avait déjà briefé l'autre fille sur ce qu'elle devait dire, ce qu'elle devait faire, sa manière de se conduire. Et ça n'a pas loupé.

« Le second est venu me voir et m'a demandé ce qui s'était passé. Je lui ai dit que l'autre avait… avait fait des choses très graves. Les mots que j'ai utilisés étaient très durs, très bruts. J'ai lu dans ses yeux qu'il se disait lui aussi qu'il était dans une très, très mauvaise posture. »

Toute la journée durant, elle pousse son avantage. Elle le défie du regard. Elle dit que plus jamais l'autre ne devra recommencer.

« Je voulais qu'il s'en aille. Je voulais qu'il n'ait plus le droit de mettre un pied dans cette pièce et d'approcher cette fille. »

Morane force la provocation. Elle mentionne plusieurs fois le nom d'un de leurs chefs. Ses gardiens en ont peur. Ils tremblent rien qu'à l'entendre évoquer ce nom-là. Morane le connaît. Elle lui a déjà parlé, quelquefois au téléphone.

« Si l'autre recommence sur moi ou sur l'autre fille, je dirai tout à votre chef. »

La peur serait-elle en train de changer de camp ? Quelle est la limite de ce jeu dangereux ? Tout est dans la posture. La menace larvée brandie par une otage coupée du reste du monde. La crainte que cela se sache.

« Je voulais que l'autre aille se faire foutre, qu'il ne mette plus jamais un pied dans cette maison.

Parce qu'il était vraiment très méchant avec nous, avec moi. Et puis… »

À ce moment précis, Morane interrompt son récit. Elle m'adresse un bref signe. La main entre elle et moi. Elle ne peut plus poursuivre tant l'émotion l'étreint. Sa gorge s'est serrée à force de remuer les pires moments de sa vie.

Devant mes yeux, elle remonte la main pour cacher son visage. Le cliquetis de ses bracelets. Mais elle est forte. Très forte. Elle esquisse un sourire, puis un rire et reprend.

« J'étais effrayée par ce que je faisais. Je me disais au fond de moi : "Mais qu'est-ce que je fous ? Qu'est-ce que je fous ?" Toutefois, je parvenais à le cacher. Je voulais qu'il sente que je savais parfaitement ce que j'étais en train de faire… C'était de la pure manipulation et de l'intimidation. Je le fixais des yeux. Je ne criais pas. Je lui faisais comprendre que j'étais en colère et que, lui, il était vraiment mal. »

À la fin de la journée, l'homme a quitté la pièce. La lumière est éteinte. La porte est verrouillée. Vers minuit, il revient pour réveiller Morane.

« "Non, toi, juste toi", dit-il. Son chef voulait me parler. Jusqu'à ce jour, j'avais toujours prétendu que tout allait bien, pour m'en servir, pour tenter de mettre ces geôliers de mon côté. Ces types étaient assez fous pour croire que leur chef m'aimait bien. »

Morane comprend la suite. Il veut qu'elle parle au chef. Il espère qu'elle va le couvrir, une fois de plus. Mais il y a eu ces regards, ces menaces, cette éprouvante journée pleine de sous-entendus. Morane sait qu'elle le tient. Elle le voit dans son regard.

« Je me suis assise sur une chaise. Le garde s'est assis par terre. Et il suppliait, suppliait du regard pour que je mente à son supérieur. Cette scène était démente. »

Avant de prendre le téléphone, Morane rappelle ses conditions avec les mots arabes qu'elle a appris depuis. Elle dit : « C'est interdit *(haram)*. Je veux qu'il quitte la maison ! C'est fini ! Ça suffit ! *(Halas ! Halas !)* » Puis le mobile a vibré. Le chef était en ligne. Elle n'a rien dit à l'homme au bout du fil.

« Je suis allée me coucher, en lui disant à demain. Et puis je me suis installée à côté de ma codétenue pour lui dire qu'il fallait qu'on change de plan parce que j'avais eu trop peur. Je ne pourrais plus jamais recommencer cela. »

La jeune fille la regarde. Elle peine à comprendre. Si cela a marché une fois, pourquoi ne pas recommencer ?

« Il a fallu que je lui explique qu'une femme à Gaza n'avait pas de droits. Je n'allais pas pouvoir m'interposer à nouveau comme cela. Je n'allais pas pouvoir dire qu'untel a commis des choses graves et qu'il doit aller en prison. Non. Cela ne pouvait pas se passer comme ça. Mais on avait remporté une bataille. On allait pouvoir s'en servir pour nous. Même si cela ne devait durer que quelques jours, car cet homme-là, le gardien, il était atteint du syndrome du mari violent. Il pouvait être gentil un jour et mauvais les deux jours suivants. Et ainsi de suite. Il fallait qu'elle comprenne cela. »

Trois clémentines, le père Noël et les bombardements

Morane face au Hamas. L'otage devant ses bourreaux. Et chaque jour qui passe dresse de nouveaux défis.

« Ils voulaient me faire croire que je ne m'en tirerais pas. Comme ils me prenaient pour une espionne israélienne, je n'avais aucune raison de m'en sortir vivante. Ma seule voie de salut était de me convertir à l'islam. »

Morane tient bon, malgré sa cheville cassée. L'autre détenue, blonde, les yeux bleus, a droit à plus de nourriture. On lui a même offert ce qu'on refuse à Morane depuis le début : une couverture !

Ce régime de faveur, elle en connaît l'origine. C'est à cause de lui. C'est à cause de ce geôlier qu'elle a déjà averti. Pendant quelques jours, il se tient à carreau. Pas de gestes déplacés. Et puis, ça recommence. Morane, elle, paye pour deux. Elle a pris beaucoup de risques. Elle s'est exposée. Il se méfie d'elle. Il la traite de menteuse, de manipulatrice.

« Un jour, le sale type s'est pointé avec un de ses chefs. Je n'ai pas réfléchi, je ne sais pas ce qui m'a pris, mais je lui ai dit en arabe : “Assieds-toi ! Tais-toi et écoute-moi.” C'était plus fort que moi. Il fallait que l'autre sache. »

Morane prend le chef à témoin de toutes les exactions. Les coups. Les humiliations.

« J'ai éprouvé le besoin de cracher toutes mes peurs, parce qu'il nous avait effrayées. Chaque seconde, il nous avait effrayées. Ce n'est pas que je n'avais plus peur de lui à ce moment-là. J'avais très bien cerné son caractère et je savais de quoi il était capable, mais j'ai éprouvé le besoin de vider mon sac, sur tout ! Tout ! »

Sans réfléchir, Morane déverse tout ce qui vient. Une vague de blessures. Une déferlante d'angoisses. Un tsunami de souffrances livré sous le regard sidéré de sa codétenue. Serait-elle devenue folle ? Sa digue a-t-elle rompu ?

« J'étais choquée moi-même. »

Pendant qu'elle se confie, Morane remarque dans la pièce l'autre gardien qui observe. Il est debout derrière. Elle croise son regard. Pendant un bref instant, elle se dit qu'il acquiesce comme s'il s'apprêtait à prendre sa défense. Mais il ne dira rien. Et Morane va finir par se taire. Le chef a alors jeté quelques mots. Elle a saisi l'un d'eux : « *Salaam*, paix. »

« Et on a fait la paix. »

Gargarisée par son élan, Morane lance un coup d'œil vers l'autre fille. Le début d'un sourire. Une victoire partagée. Puis elle se retourne pour fixer le sale type.

« Je lui ai demandé d'aller dans la cuisine, là-bas, pour prendre des oranges ou des clémentines. Tu te rends compte, Sébastien ! Il s'est levé et il y est allé. Il nous a rapporté trois clémentines ! C'était dingue. On en rêvait depuis si longtemps. Pour nous, c'était comme des diamants ! »

Le débat semble clos. Le gardien ne revient pas. Pendant les heures qui suivent, il restera de l'autre côté de la porte. Mais le soir, Morane et sa codétenue se retrouvent sur ces mêmes paillasses sordides. La porte se referme et une clef la verrouille. Otages. Elles ne sont que des otages.

« Deux jours plus tard, il est revenu et il s'est remis à me battre. »

Quand Morane se réveille, elle doit tendre l'oreille pour savoir ce qui l'attend. Quel gardien va venir ? Quelle est l'humeur du jour ? C'est une pièce qui se joue, un drame en quelques actes dont elle ignore l'issue. Tout ce qu'elle peut faire, c'est affûter son esprit, balayer les possibles, passer en revue les scénarios.

« Je m'étais persuadée que je pourrais me sortir de toutes les situations en utilisant ma seule intelligence. J'y croyais. Même quand la partie semblait terminée, quand il était évident que je ne m'en sortirais pas vivante – c'est du moins ce qu'ils me faisaient clairement comprendre –, il fallait rendre l'impossible possible. C'était tellement dur. Il a fallu que je m'accroche à cette idée pour tenir.

Jour après jour. Parmi les bombardements. Parmi les coups. Parmi tous ces gardiens qui nous voulaient du mal. »

Après plusieurs semaines, elles étaient épuisées. Eux aussi. Ils semblaient avoir hâte que cela se termine.

« Parfois, ils dormaient toute la journée. On restait enfermées dans notre pièce et eux dormaient de l'autre côté. On ne pouvait pas sortir pour faire nos besoins. On n'avait plus accès à la salle de bains. Ce n'était plus comme au début où notre pièce était ouverte le matin et fermée le soir. Là, on était enfermées nuit et jour, tout le temps, allongées sur nos matelas minables posés à même le sol. Après quarante-deux jours, j'ai eu droit à une couverture. »

Morane ne me dit pas tout. Elle n'en a pas le droit. Mais ces bribes qu'elle me livre témoignent de ce qu'elle a affronté. Encaisser ces peurs. Subir ces affronts. Dépasser la douleur. S'adapter sans cesse à chaque menace, aux gardiens qui se succèdent et parfois aux nouveaux lieux. En tout, elle a croisé une quarantaine de membres du Hamas. La plupart portaient des masques, du moins au début.

Elle se souvient de chaque regard, de chaque attitude, de chaque détail. Elle a tout mémorisé.

« Jamais je ne les oublierai. »

Ses deux derniers gardiens, Morane les surnomma « Laurel et Hardy ». Parce que l'un était grand et maigre tandis que l'autre était petit et rond. Il y a eu aussi « le père Noël » parce qu'il leur offrit plus de nourriture qu'à l'usage. Et puis vint « Marcel », parce qu'il porta longtemps le même maillot de corps.

« Au début, Marcel débarquait pour nous laver le cerveau avec ses histoires. On l'avait d'abord surnommé “le Professeur”. Il venait nous raconter toute l'histoire de Gaza, l'histoire des Palestiniens de Gaza, de la guerre, l'occupation. Il a utilisé des milliers de fois le mot “occupation”. J'ai compris à quel point ces gens-là étaient endoctrinés. Il était impossible de débattre. »

Au bout d'une ou deux semaines, celui qu'elles ont baptisé « Marcel/le Professeur » ne porte plus de maillot de corps. Il n'a plus de chaussures non plus. Il se coiffe à peine et Morane ne le voit même plus faire sa prière, comme les autres.

« Il se contentait d'arpenter la maison avec un balai dans la main, mais sans la brosse, et à chaque fois il entrait dans notre pièce en brandissant le manche de son balai devant moi parce que j'étais la femme blessée avec ma cheville dans le plâtre, et il se mettait à me frapper. »

Chaque fois, Morane doit prendre sur elle. Elle encaisse la douleur sans réagir. Elle le prive de ce plaisir vicieux. Il agite son balai, sourit, recommence et annonce qu'il va lui casser la jambe.

« Je restais assise sans bouger. »

Le même cirque jour et nuit. La menace permanente.

« Je devais dominer cette frayeur tapie au fond de moi. J'avais appelé ça le mal de Gaza. La maladie de Gaza. Je devais être sans cesse focalisée sur les menaces et prête à réagir en un instant. »

Lorsque je lui demande ce qui l'a le plus effrayée pendant ses deux mois de captivité, elle me répond que ce ne sont pas les coups de bâton du « Professeur » ni les violences de « Laurel et Hardy ». Ce qui la mettait dans un état de panique difficile à surpasser, c'était quand il fallait sortir.

« Ces déplacements étaient ce qu'il y avait de pire, quand nous allions d'une maison à l'autre. J'avais peur qu'ils me sortent pour me tuer. J'avais peur qu'ils me sortent pour me jeter en pâture à la foule des civils qui allait me lyncher parce que j'étais la juive prisonnière dans Gaza. Ils nous avaient dit aussi que si nous faisions le moindre bruit, l'armée de l'air israélienne nous balancerait une bombe dessus. »

Sortir, c'est s'exposer à toutes ces menaces en même temps. Celle du Hamas ; celle des voisins ; et celle des bombes israéliennes.

Sortir, c'est se confronter au regard des civils parmi toutes les maisons en ruine. Au fil des semaines, les dégâts sont de plus en plus importants. Morane mesure sa chance, même si on ne la laisse pas regarder autour d'elle. Tout va très vite. Pas question de prendre son temps ni même de lever la tête. Chaque sortie est encadrée. Elle est même mise en scène.

« Ils nous faisaient porter des costumes. J'ai dû en revêtir trois différents. La première fois, ils m'ont déguisée en vieille femme, en chaise roulante, à cause de mon plâtre. La deuxième fois, ils m'ont fait passer pour une mère de famille avec ses deux enfants, encadrés par deux hommes qui étaient nos gardiens. Nous devions nous tenir par la main comme si nous formions une famille. Et la troisième fois, j'étais déguisée en femme arabe, en couple avec son mari qui était mon gardien du Hamas. Il fallait que je me comporte comme si j'étais sa femme et j'avais interdiction de boiter malgré ma cheville cassée. »

Morane est à bout. Elle se met à prier de plus en plus souvent. C'est devenu obsessionnel. Elle n'a plus la force de tout recommencer. L'analyse. La manipulation. L'observation du moindre détail qui pourrait l'aider. Après deux mois, elle a touché le fond.

« Lorsqu'ils sont venus pour me dire que ça y est, j'allais être libérée, je ne les ai même pas crus. »

Dans les tunnels avec le diable

Pendant que Morane tente d'éviter le pire, d'autres otages, des dizaines, croupissent plusieurs mètres sous terre.

C'est le cas des enfants de la sœur de Galit Dan. Le petit Erez, qui entendit le mot « viol » pour la première fois de sa vie, et sa grande sœur Sahar, qui a dû ôter son haut blanc pour se fondre dans le buisson. Leur père y est aussi, détenu quelque part ; ainsi que les parents de la meilleure amie de Galit, son amie d'enfance : Sharon.

Le père de Sharon, Oded Lifshitz, est né à Haïfa, en 1940. C'est un enfant de la Palestine mandataire et du foyer national juif. Il a été soldat, puis journaliste. En 1982, il fut l'un des premiers à témoigner des horreurs commises par les phalangistes chrétiens libanais dans les camps palestiniens de Sabra et Chatila, sous le regard complice de l'armée israélienne. Douze ans plus tard, il a interviewé le chef de l'OLP, Yasser Arafat, qui venait de recevoir le prix Nobel de la paix.

« Mon père a toujours milité pour la paix », me confie Sharon dans un café de Tel-Aviv.

Deux semaines avant l'attaque du 7 octobre, il avait rencontré ses amis militants de l'association Breaking the Silence, d'anciens soldats israéliens qui ont servi dans les territoires occupés et cherchent à faire prendre conscience à la société civile israélienne des violences et des privations de droits que subissent au quotidien les Palestiniens. Le père de Sharon s'apprêtait à transférer ses dossiers sur les occupations illégales des colons en Cisjordanie.

« Cela faisait des années que papa travaillait sur ce sujet pour dénoncer la situation. Il avait des milliers de pages, de textes, de photos. Des dossiers entassés dans son bureau au kibboutz. Mais le jour de l'attaque terroriste, tout est parti en fumée. »

À quatre-vingt-quatre ans, Oded Lifshitz a fait ce qu'il pouvait le samedi 7 octobre. Pendant que les terroristes semaient le chaos à Nir Oz, il s'est enfermé avec sa femme dans leur *mamad*.

« Papa s'est cramponné à la poignée pour qu'ils ne puissent pas ouvrir. Mais il a pris une balle dans la main et il a dû lâcher. »

La mère de Sharon, Yocheved, quatre-vingt-cinq ans, a été de tous ses combats. Prof de sport et photographe, elle s'est toujours tenue auprès de son mari, à compléter et documenter son travail.

« Comme maman était photographe, on peut dire que j'ai passé mon enfance dans une chambre noire. »

Le jour de l'attaque, Yocheved est avec Oded, son mari, dans cette pièce sécurisée. Six terroristes ont investi leur maison. Elle a cru qu'il allait mourir. Quant à elle, ils l'ont emmenée.

« Ils ont roulé maman comme un tapis, l'ont mise en travers sur la selle d'une moto et sont partis vers Gaza. »

Gaza est tout près, à quelques kilomètres. Mais pour une femme de son âge, si fragile, ce fut un véritable calvaire. La route n'est pas bonne. Ils coupent à travers champs. Elle est trimballée, cahotée, bousculée. Pourtant le pire l'attend plus loin.

« Quand elle est entrée dans la bande de Gaza, maman a vu surgir des centaines de Palestiniens, des hommes, des femmes et même des enfants qui tenaient des bâtons et des couteaux de cuisine et qui hurlaient : "Tuez les juifs ! Tuez tous les juifs !" »

Allongée entre deux terroristes, assaillie par la foule, la mère de Sharon prend des coups, à la tête, dans le dos, sur les hanches. Les deux types du Hamas s'efforcent de reprendre leur route. Ils voudraient fendre la foule. Ils écartent les coups et parviennent tant bien que mal à s'extraire de cette nasse.

« La foule courait derrière. Ma mère était anéantie de voir cela. Ils hurlaient : "Tuez-la ! Tuez la juive !" »

Les terroristes s'arrêtent un peu plus loin. Ils ont vu une voiture. Cela sera plus simple pour conduire leur prise dans le lieu prévu pour les otages.

« Maman s'est retrouvée assise à l'arrière de cette voiture. Mais la foule les a rattrapés. »

À ce moment précis, la voix de Sharon se trouble. Un sanglot serre sa gorge. Elle doit prendre une grande inspiration pour poursuivre son récit. Sans doute voit-elle la scène comme si elle y était. La foule enragée. Les menaces. Les lames des couteaux cognés contre la vitre. Sa mère assise derrière. Cette frousse abominable.

« Un Palestinien s'est mis à hurler qu'il allait lui couper tous les doigts pour voler ses bijoux. Ma mère a ôté ses bagues et a baissé la vitre pour les lui donner. »

J'imagine la plèbe devant cette voiture, leurs grimaces haineuses. Et les coups de klaxon et les gestes des terroristes qui doivent rejoindre les autres au point de ralliement, à l'entrée du tunnel.

Au début de sa détention, Yocheved Lifshitz s'est retrouvée avec une vingtaine d'otages dans les tunnels. Ayant milité pendant des années dans diverses associations pacifistes, conduit des malades de Gaza vers les hôpitaux palestiniens, cette dame âgée parle arabe. Elle peut communiquer avec ses geôliers. Elle voudrait comprendre. Elle leur demande pourquoi ils lui font cela, à elle, à ceux qui, comme elle, sont leurs plus grands soutiens. Les militants. Les activistes. Les amis de Viviane

Silver, de Women Wage Peace et de Breaking the Silence !

La mère de Sharon aurait même croisé le chef du Hamas à Gaza, Yahya Sinwar en personne. Il se serait avancé devant tous les otages de Nir Oz et aurait déclaré dans un hébreu parfait : « Vous êtes mieux protégés que n'importe où ailleurs. Rien ne vous arrivera. »

Elle l'aurait regardé. Elle aurait pris sa respiration pour lui lancer : « N'as-tu pas honte d'avoir fait ça à des gens comme nous qui ont toujours œuvré pour la paix avec les Palestiniens ? »

J'ai interrogé Sharon sur ce sujet. Elle est restée évasive. C'est une question sensible. Est-ce vrai ? L'a-t-elle réellement vu comme l'affirme une certaine presse israélienne ? Une chose est sûre : la mère de Sharon est restée enfermée à quarante mètres sous terre dans les tunnels du Hamas. D'abord, avec tous les autres, puis à part, dans un coin éloigné avec un groupe réduit à quatre détenus et un seul gardien. Elle n'a jamais revu son mari.

« Si ces gens considèrent que mon père est un colon, s'ils considèrent qu'on ne peut pas faire la paix avec quelqu'un comme lui ou comme ma mère, avec qui accepteront-ils de faire la paix ? » s'interroge Sharon.

Sinwar

Lourd du témoignage bouleversant de Sharon Lifshitz, je retourne à l'hôtel retranscrire ses propos. En traversant le hall, je remarque des journaux posés sur une table basse.

Le premier est l'édition anglaise du *Jerusalem Post*. Sous ce nom, une ligne rappelle qu'il a été fondé en 1932, sous le mandat britannique. Le père de Sharon le lisait peut-être, enfant.

Au temps de sa création, le journal s'appelait *The Palestine Post*. Il paraissait en anglais. Il était adressé à un électorat composé de Britanniques et d'immigrants sionistes venus d'Europe centrale et orientale, comme les grands-parents de Sharon, d'origine polonaise.

En 1950, après la création de l'État d'Israël, le *Palestine Post* est devenu le *Jerusalem Post*. Il est considéré comme un journal de droite.

Sa une m'intrigue. Elle évoque un article consacré à Sinwar.

Avant de faire ce voyage, j'avais de Yahya Sinwar une image biaisée. Je croyais qu'il n'était qu'un chef politique, un élu du Hamas qui dominait Gaza. Puis j'ai suivi en France les débats sidérants concernant son statut. Terroriste ? Résistant ? Même chose pour le Hamas. S'agissait-il d'un mouvement de résistance, comme le prétendent les élus de La France insoumise ? D'un parti politique nationaliste ? D'un mouvement islamiste radical ?

Pour mémoriser ce nom, je l'ai décomposé. Sin-War. *Sin* est un mot anglais qui veut dire le « péché ». *War* est le mot qu'on sait. Yahya Sinwar : le péché de la guerre.

Le *Jerusalem Post* mentionne des tracts semés dans la bande de Gaza, à Gaza-ville, dans le Nord, et à Khan Younès, tout au sud, avant sa destruction par l'armée d'Israël. Une photo du tract illustre l'article. À gauche, quatre portraits encadrés, avec le nom de chacun mentionné en arabe et une somme d'argent. Sous celui de Sinwar, je lis : 400 000 dollars. Sous celui de son frère : 300 000 dollars. Sous les deux autres : 200 000 et 100 000. À droite du tract, un petit texte en arabe promet une récompense pour toute information concernant ces personnes. En dessous, en blanc sur fond rouge, le numéro de portable de Tsahal à Gaza.

Cette photo me saisit.

Elle me plonge en arrière, des années en arrière, au temps des westerns que je regardais enfant. Les WANTED collés à l'entrée des saloons ou sur les poteaux de bois des lignes télégraphiques.

Faut-il s'en étonner ? C'est une chasse à l'homme qui vient de se déclencher après le 7 octobre. Elle a commencé à 8 h 23, le jour même de l'attaque, quand l'État d'Israël a déclaré la guerre au Hamas et que son Premier ministre, Benjamin Netanyahou, a émis l'idée folle qu'il allait le « détruire ».

Yahya Sinwar est bien l'homme à abattre, l'ennemi d'Israël. Certains le considèrent comme le cerveau du pogrom. Comment savoir ? Comment remonter le temps ? Il faudrait pénétrer dans le crâne de Sinwar.

Je repose le *Jerusalem Post* et prends l'autre quotidien qui traîne à côté. C'est le journal *Haaretz*, le grand quotidien de gauche. Lui aussi date d'avant la création d'Israël. En 1919, sa rédaction s'installa dans un immeuble moderne des rues de Tel-Aviv. Mais un raid égyptien, le 16 mai 1948, le détruisit partiellement et tua cinq typographes. Le journal a déménagé, depuis.

Son édition du jour contient elle aussi un article consacré à Sinwar. Il rappelle qu'Israël avait justement pénétré le cerveau de Yahya Sinwar. En 2004, le Palestinien souffrait de problèmes neurologiques. Il peinait à s'exprimer. Il avait même du mal à se déplacer sans tomber. Une équipe de médecins israéliens avait détecté une tumeur. Sinwar fut opéré par des médecins juifs. À l'époque, il faut dire qu'il était entre les mains d'Israël, en prison.

Dans l'article de *Haaretz*, un agent du Shin Bet, le renseignement intérieur, dresse un portrait terrible de ce chef terroriste. Le titre de l'article annonce bien la couleur. Il cite une menace formulée par Sinwar à son agent traitant.

« Je vous tuerai, vous et vos collègues[1]. »

Dans cette longue interview, l'employé du Shin Bet décrit son travail. La réunion du matin avec les autres agents. Les tâches réparties. Les objectifs fixés. Et puis la reprise de l'interrogatoire. Chacun a sa méthode. Il faut être maître de soi devant un criminel. Remballer ses affects. Tenir malgré tout pour parvenir au but. Depuis 2002, l'homme des renseignements a passé des centaines d'heures à fouiller la conscience de Sinwar, à dresser son profil et creuser ses secrets. Il le connaissait bien.

À la fin des années 1980, Sinwar sortait à peine de la faculté islamique de Gaza. Il avait la vingtaine et était soupçonné d'être lié à un prédicateur islamiste, le fameux cheikh Yassine, fondateur du Hamas. Les agents du Shin Bet avaient compris que Sinwar faisait le ménage pour lui : il chassait les espions, il traquait les traîtres au sein des cellules clandestines du mouvement de cheikh Yassine. Yahya Sinwar était aussi son messager.

« [Les membres de cette cellule] communiquaient clandestinement, raconte l'agent israélien. Ils cachaient des messages dans les toilettes de l'université islamique, du genre : "Creuse à tel endroit, il y a des armes cachées." C'était très compartimenté. Sinwar lui-même ne savait pas qui allait récupérer le message qu'il venait de laisser.

1. *Haaretz*, version anglaise du vendredi 15 décembre 2023.

Chaque semaine, il recevait des nouvelles et laissait des messages à l'endroit convenu. »

C'est au cours des interrogatoires du Shin Bet que Sinwar a fini par avouer son implication dans quatre meurtres de Palestiniens qu'il soupçonnait de collaborer avec l'ennemi sioniste. « Avouer », c'est un grand mot. Cet homme n'est pas du genre à flancher sous pression. Ce serait une fatwa de son mentor qui l'aurait poussé à parler. Le cheikh Yassine venait de se faire arrêter à son tour. Il a fallu lâcher du lest pour espérer sortir. Sinwar donna des noms, des détails : un homme étranglé de ses mains ; un autre enterré vivant ; les fabrications d'armes...

« Il m'a raconté cela avec une parfaite apathie. Sans le moindre battement de cils. Je ne suis pas un expert, et je n'ai pas les outils pour le déterminer, mais je pense que c'est un psychopathe [...]. Pour lui, tous ces gens assassinés méritaient de mourir. Pour lui, ces gens-là n'avaient aucune raison de rester sur terre : pourquoi les laisser vivre ? Sinwar a brutalement assassiné un barbier. Pourquoi ? Parce qu'une rumeur circulait. On disait que cet homme cachait des choses obscènes dans sa boutique, qu'il les montrait à certains de ses clients à l'abri d'un rideau. Une rumeur ? Oui, ce n'était pourtant qu'une rumeur. »

D'après cet agent du Shin Bet, Sinwar est cultivé. Il a appris l'hébreu. Il a lu en prison. « Super intelligent. » Il n'arrêtait pas d'appeler à la destruction d'Israël et à un « État islamique allant des rives du

Nil à l'Euphrate[1] ». L'intention était claire. Et il fédérait autour de lui les autres prisonniers.

Pendant plus de vingt ans, Israël l'a sondé. Ses juges l'ont entendu. Ses médecins-chirurgiens lui ont ouvert le crâne. Pourtant, Yahya Sinwar a été libéré parmi mille autres Palestiniens en échange d'un otage : le soldat israélien Gilad Shalit, en 2011.

Il a retenu la leçon. Il n'est pas prêt à relâcher le père de Sharon ni les autres otages juste pour épargner la vie des Gazaouis. Son objectif est simple : d'abord, faire sortir tous les Palestiniens des prisons israéliennes. Ensuite, détruire Israël.

---

1. « An islamic state from the Nile to the Euphrates », *Haaretz*, 15 décembre 2023, p. 14 (édition du week-end).

Quelques noms sur des listes

La mère de Sharon libérée

Le 21 octobre 2023, deux semaines après le samedi noir, le Hamas fait savoir sur les réseaux sociaux qu'il va libérer deux otages « pour des raisons humanitaires ». Deux noms sont mentionnés. Sharon Lifshitz découvre celui de sa mère.

« J'étais à Londres, à l'époque. Je ne m'y attendais pas. Mais j'ai vite réagi. Je suis allée à l'ambassade. J'ai été mise en relation avec les autorités israéliennes. »

La réponse qu'elle reçoit n'est pas très engageante. Les diplomates et les militaires évoquent leurs doutes. Ils prétendent qu'il s'agit d'une manipulation et que ce sera sans suite, voire que c'est un piège.

« Pendant quarante-huit heures, les autorités israéliennes n'ont pas répondu à cette offre du Hamas. Elles ont laissé traîner, comme si la guerre était plus importante que la libération des otages. Deux semaines plus tôt, dès le 9 octobre, le Hamas avait proposé de libérer les otages contre un simple cessez-le-feu. Netanyahou n'avait même pas répondu ! »

Sharon est désemparée. L'ambassade d'Israël à Londres lui propose de réserver un vol. Puis laisse passer le délai. Elle appelle son frère, ses amis, cherche conseil. Que faire ?

Au bout d'une trentaine d'heures, elle décide d'y aller.

« J'étais dans le métro, en route pour l'aéroport, quand j'ai reçu un appel de CNN. Ils voulaient m'interviewer ! Dans le métro ! »

Pendant que l'officier de liaison israélien relativise, Sharon embarque. Dans l'avion, elle croise des journalistes. Beaucoup de journalistes.

Tout le monde semble y croire, excepté le gouvernement de Netanyahou. Sans doute a-t-il d'autres priorités.

Sharon débarque à Tel-Aviv. Les appels incessants. Une tension sans pareille. Les rumeurs. Les doutes. Pourvu que ce soit vrai.

Le 23 octobre, au milieu de la nuit, deux vieilles dames sont filmées avec deux hommes cagoulés, le front ceint du bandeau vert du Hamas, gilet pare-balles sur le torse et fusils automatiques à l'épaule. L'un d'eux tend un gâteau à la mère de Sharon, puis l'aide à se lever. Une camionnette blanche se dessine dans la nuit. Le sigle sur la portière est celui de la Croix-Rouge. Le moteur est allumé. Deux employés de l'association d'aide humanitaire d'origine française l'attendent. Ils vont prendre le relais.

C'était donc vrai ! La mère de Sharon va être libérée.

Plus loin, au point de passage de la bande de Gaza, un véhicule de l'armée israélienne est prépositionné. À peine est-elle montée et installée qu'un soldat se penche vers elle, lui sourit et lui dit que son petit-fils, soldat, l'embrasse.

« C'est à ce moment précis que maman a compris qu'elle était vraiment libre. Moi, je l'ai appris par un coup de téléphone vers 6 ou 7 heures du matin. »

Sa mère est mal en point. Amaigrie. Affaiblie. Cela fait plusieurs jours qu'elle ne se nourrissait plus. Elle régurgitait tout, le solide comme le liquide. La vidéo de propagande filmée plus tôt par le Hamas n'a pas montré cela, le gâteau rendu, le verre d'eau repoussé.

Un problème gastrique grave. Yocheved Lifshitz a besoin de soins d'urgence. Le véhicule de l'armée la conduit vers Ichilov, le plus grand hôpital de Tel-Aviv.

« Je l'ai retrouvée là-bas, dans l'unité de soins intensifs. J'étais tellement heureuse de la savoir vivante ! »

Les médecins s'activent. Toute la famille est là. Son fils. Sa fille. Sharon découvre que sa mère n'a plus rien. Il faut tout lui acheter. Des vêtements. Des produits d'hygiène. Des lunettes. Elle fait les allers-retours. Une foule de journalistes envahit l'hôpital. Certains se glissent même dans le service des soins intensifs.

« Pour les autorités, c'était une première. Ils ne savaient pas comment gérer ce genre de situation : la libération d'un otage et ses suites. »

Pendant qu'elle joue des coudes, Sharon ressasse une même pensée : elle s'inquiète pour son père. Sa mère lui a bien dit qu'elle n'avait pas de nouvelles, qu'elle ne l'avait pas vu ni même croisé là-bas. Sharon se demande si Oded n'est pas mort. Il avait pris une balle dans la main le matin de l'attaque. Une blessure grave pour un homme de son âge. Il aurait pu faire partie des personnes libérées pour cause humanitaire ou sanitaire.

« Nous n'avions pas la moindre information. Que des inquiétudes. Que faire dans ce cas-là ? »

Le lendemain de la libération de la mère de Sharon, la pression médiatique est telle que le directeur de l'hôpital invite les journalistes à se réunir dans le hall. Elle est assise dans un fauteuil. Le visage pâle, les traits tirés, habillée d'un haut noir dans lequel elle flotte. Sa fille l'accompagne. Une conférence de presse est improvisée.

« Ils étaient si nombreux, se souvient Sharon. Il y avait des centaines de journalistes massés devant nous. »

Un micro filaire est accroché au col de sa mère. La première des questions est la plus évidente. Elle concerne son moral. Ils sont des dizaines à lui lancer la même phrase, dans tout un tas de langues. Sharon se tient agenouillée près de sa mère. Elle traduit sa réponse : « J'ai traversé l'enfer, je ne pensais ou ne savais pas que je me retrouverais dans cette situation », dit-elle.

Interrogée sur ses conditions de détention, Yocheved répond qu'elle a été battue lors de son enlèvement, mais que dans les tunnels ils ont pris soin d'elle, ils lui ont donné des médicaments et ils l'ont bien traitée.

Les mots de la conférence de presse sont repris par tous les médias. Les phrases bienveillantes concernant les geôliers coûteront sa place au porte-parole de l'hôpital. Mais pour Sharon et sa mère, c'était une manière d'éviter d'éventuelles représailles contre Oded. Son père est peut-être vivant. Le Hamas les écoute sûrement. Il faut faire attention à tout ce que l'on peut dire.

« Les pires craintes de ma mère concernaient la vie de son mari, Oded, et la vie des soldats qui allaient s'engouffrer dans ces affreux tunnels, comme dans des toiles d'araignées à quarante mètres sous terre, dans la bande de Gaza. Un dédale dangereux, plein de pièges et de passages secrets. Elle avait peur pour eux. »

Sharon reste des semaines auprès de sa mère. Puis elle recommence à faire des allers-retours. Elle prépare la suite. À Londres, elle vient d'aménager un logement près du sien. Pour accueillir sa mère qui viendrait vivre près d'elle, en espérant que son père les rejoigne. Pourvu qu'il soit en vie.

Morane sur la liste

Entre le 20 et le 23 octobre, quatre otages sont relâchés : deux Américains et deux Israéliennes, dont la mère de Sharon.

Le 26 octobre, après deux semaines de bombardements intensifs, l'armée israélienne est entrée dans Gaza.

Fin novembre, le Forum des familles est en ébullition. Les négociations seraient engagées sous l'égide du Qatar et des États-Unis. Un possible cessez-le-feu et la libération de prisonniers palestiniens pourraient aider au retour des otages. Des rumeurs folles circulent. Ils vont tous revenir… Ils sont presque tous morts… Il n'y aura pas d'échange… Ils sortiront demain… Tout et son contraire.

« C'était de la folie, se souvient Émilie Moatti. Tout le monde attendait. Toutes les familles espéraient. »

Au sixième étage de l'immeuble, le bureau d'Émilie est sans cesse assailli par les familles, les médias, les bénévoles, les amis. Tout le monde veut savoir si ce qu'on dit est vrai.

« Cela faisait si longtemps qu'on attendait cette liste. »

Les jours défilent. Dimanche, lundi, mardi… La veille du shabbat, les choses se précisent. Émilie Moatti sait que, cette fois, c'est du sérieux. Elle a beaucoup de contacts parmi les diplomates. Les Français du ministère des Affaires étrangères ont bon espoir. Les Russes sont parvenus à faire libérer deux des leurs.

« À 6 heures du matin, j'ai reçu la première liste. Les familles concernées avaient déjà l'info. Elles l'avaient eue dans la nuit. Je suis allée au Forum très tôt pour retrouver l'équipe. De 6 heures à 9 heures, il a fallu répondre à toutes les autres familles. »

La première liste comporte treize noms. Quatre enfants, six femmes, deux Thaïlandais et un Philippin. Ils viennent pour la plupart du kibboutz Nir Oz, celui de la famille de Galit Dan. Celui des parents de Sharon qui l'avaient fondé dans les années 1950. Si Sharon scrute le contenu de cette liste, c'est surtout pour son père, Oded.

« Ma mère et moi nous étions si inquiètes. Nous n'avions pas de nouvelles de papa. On savait qu'il avait été blessé à la main, pendant l'attaque. On se demandait s'il n'était pas mort. Vous savez, il est âgé. Et puis, maman nous avait raconté ce qu'elle avait enduré là-bas, on pouvait s'attendre au pire. »

Cette première liste est un soulagement pour une dizaine de familles. Pour la centaine d'autres, c'est d'une tristesse sans nom. Pourtant à chaque otage revenu, des détails émergent sur leurs conditions de vie, et ceux qu'ils ont croisés. Le début de l'espoir ?

Sharon et sa mère sont un peu soulagées. Son père a été vu, en vie, par une otage. Dan Galit et sa sœur sont aussi rassurées. Des anciens du kibboutz Nir Oz ont aperçu les enfants de Hadas.

Pour la famille de Morane, pas de nouvelles. Rien. Ils doivent se contenter d'attendre ce qui vient. La prochaine liste. Les prochains libérés. Morane en fera peut-être partie. Ou quelqu'un l'aura vue.

« C'était un vrai cauchemar », se souvient Léa la danseuse, la sœur de Morane.

De l'autre côté du mur, dans un lieu secret de l'enclave palestinienne, Morane n'en peut plus. Ce jeu mental l'épuise. Il dure depuis si longtemps. Pour la quatrième fois, elle a changé de gardiens et de localisation. Cela fait quelques jours qu'elle se retrouve dans cette grande pièce avec plusieurs femmes.

« Dans cette dernière maison, c'était très dur pour moi. Une fille avait droit à ce qu'on nous refusait depuis le début. Des chaussettes. Cela voulait dire qu'elle avait une très haute position dans cette maison. »

Morane en rêvait depuis longtemps, de chaussettes. Mais son statut spécial ne lui y donne pas droit. Elle est l'espionne probable, la grande gueule du groupe, celle dont on se méfie.

« Ils m'appelaient "la fouine". »

Morane et les autres ignorent tout de ce qui se trame. Toutes ces négociations qui passent au-dessus de leurs têtes, ces listes qui se composent et se décomposent, ces noms ajoutés, retranchés, et les demandes caduques parce que untel est mort.

Elle va jusqu'à douter que cela puisse se terminer un jour. Pourtant l'idée est évoquée. Plusieurs fois.

« Ils m'ont fait croire quatre fois qu'ils allaient me libérer, que j'allais enfin rentrer chez moi. Ils me demandaient de me dépêcher, de m'habiller pour sortir. Ils me faisaient même quitter la maison. Je me retrouvais dehors. Et puis ailleurs, dans une autre maison. Toujours captive. »

Mais depuis fin novembre, quelque chose se passe. Le bruit. L'environnement. Morane comprend que les raids de l'armée israélienne ont cessé. Il n'y a plus d'explosions. Comment l'interpréter ? Est-ce un simple hasard ? Se trompe-t-elle ? Se serait-elle habituée ?

Ses codétenues sont jeunes. Elles ont les traits tirés. Elles communiquent à peine pour livrer quelques bribes de leur long calvaire. Morane tend l'oreille et récolte ce qu'elle peut. À chaque nouvelle détenue, elle prend conscience de l'ampleur du massacre. Le kibboutz. Le festival. Les maisons incendiées. Combien de femmes comme elles ont été enlevées ?

Elle reste peu de temps avec ce dernier groupe. À peine vingt-quatre heures. Elle ne sait pas que son supplice touche à sa fin.

« Ils sont arrivés et l'un d'eux m'a dit que j'allais rentrer à la maison. Je ne les croyais pas. Je suis restée très calme. Je ne me suis pas affolée ou quoi que ce soit. J'avais tellement peu confiance. »

Morane se prépare. Elle boutonne son haut. Elle cale sa cheville plâtrée. Elle se tient contre le mur en attendant la suite.

« Je me suis retrouvée dans la rue, en pleine nuit. J'ai imaginé que quelqu'un allait venir pour me tuer. Comme ça, ils pourraient dire que j'avais été tuée malgré eux ou à cause d'un bombardement de l'armée israélienne. J'ai pensé à cela, tout du long. »

À Tel-Aviv, endormie dans son lit dans les bras de son mari, la sœur de Morane reçoit un coup de fil. Un officier de l'armée lui apprend la nouvelle.

« Il était 3 heures du matin. Il m'a annoncé que Morane était sur la liste et qu'elle allait être libérée. »

Léa est sidérée. Elle ose à peine y croire. Tout de suite, elle appelle son père, sa mère et son frère Lion. Ils posent des tas de questions. Où ? à quelle heure exactement ? avec qui ?

Léa n'en sait pas plus. Elle n'a qu'une vague idée de la façon dont les autres ont été libérées. Les images de nuit. Le camion de la Croix-Rouge. Les hommes du Hamas comme des Tortues Ninja. Toutes ces pauvres femmes contraintes de jouer la comédie pour cette propagande, les saluant en retour, ou leur serrant la main.

Léa et Lion ont aussi vu cette femme libérée ce mardi soir, dans son pyjama rose, qui défia sans rougir son bourreau cagoulé. Trois secondes à fixer son geôlier, sans ployer, sans baisser la tête. « Rimon, héroïne nationale », célébrée par Nathalie Nagar de la chaîne i24News. Rimon, ce nom prédestiné qui signifie « grenade ».

Morane n'y croit plus. Elle se figure un piège.

« J'ai commencé à prendre espoir seulement dix minutes avant de voir le camion de la Croix-Rouge. Jusqu'au dernier moment je me disais qu'un de leurs hommes allait me retenir par le bras pour me dire : "Eh non ! Pas toi ! Pas toi ! On s'est trompés !" »

Léa passe la journée à guetter les nouvelles. Elle sait que sa sœur a franchi le poste-frontière de Rafah, entre l'Égypte et la bande de Gaza. Un véhicule de l'armée devrait conduire Morane plus loin pour qu'elle bénéficie des premiers soins, d'une douche, de vêtements propres, de tout le nécessaire.

« Morane a appelé, me raconte sa sœur Léa. C'était fou. J'étais submergée par l'émotion. J'ai tellement pleuré au téléphone. Et puis j'ai hurlé de joie aussi. C'était un moment complètement irrationnel. Mais il a fallu qu'on raccroche, parce que l'armée voulait l'emmener en hélicoptère à l'hôpital. »

Ce mercredi 29 novembre, Morane est conduite à l'hôpital Chaim Sheba de Ramat Gan, tout près de Tel-Aviv. Cette fois, pas question de se laisser envahir par les micros. Les autorités ont retenu la leçon. Une aile est réservée aux otages. Elle est fermée, littéralement sanctuarisée. Elle concentre tous les services nécessaires : chirurgie, cardiologie, traumatologie, gynécologie, psychiatrie… Seuls les plus proches y ont accès.

Léa aperçoit sa sœur de loin et se met à courir. Morane voudrait bien en faire autant, se jeter dans ses bras, mais sa béquille l'entrave. Elle finit par la laisser tomber. Morane ouvre grand les bras. Léa la serre de toutes ses forces, longtemps. Très longtemps.

Morane, Morany, Morane…

« J'étais tellement sous le choc. Papa, maman, mon frère et moi, on était tellement heureux ! Mais on a dû se reprendre. Morane avait encore toute une batterie d'examens à faire. Elle était rentrée en si mauvais état ! »

Après quelques heures, Morane est revenue. Elle s'est assise près d'elle et s'est mise à raconter son histoire.

« Elle a parlé des heures, des heures. Elle ne pouvait plus s'arrêter. Il fallait qu'elle raconte ce qui lui était arrivé. »

Léa est fière de sa petite sœur. Elle la trouve très forte ! Elle hésite à lui décrire les événements depuis le 7 octobre. Mais Morane veut savoir.

« Elle savait peu de choses. Doucement, petit à petit, on lui a révélé l'affreuse vérité. On lui a dit ce qui s'était passé depuis ce matin du 7 octobre. »

J'ai rencontré Morane au Forum des familles. Je l'ai vue arriver avec sa béquille. Elle portait un pantalon blanc. Elle avait des bijoux plein les doigts. Sa sœur la suivait de près, ainsi que son frère Lion. Elle m'a souri. C'était la première fois qu'elle livrait son histoire hors du cercle familial.

Quand Morane a achevé son récit, elle a conclu en me disant qu'elle avait eu de la chance. De la chance ?

« Oui. Si j'avais su ce qui s'était passé, je n'aurais jamais agi comme je l'ai fait. Je n'aurais jamais osé faire tout ça. J'avais une conscience très limitée des faits. Maintenant que je sais, je suis sidérée. Ils auraient pu me faire tant de choses. D'ailleurs, ils m'ont fait beaucoup de choses. Ils m'ont lynchée. Ils m'ont battue. Ils m'ont fouillée partout pour voir si je ne cachais rien dans les parties intimes. Quand on est une femme et qu'on se retrouve comme moi entre leurs mains, on se dit tout de suite qu'on va être violée. On s'y prépare. »

Kaddish

Daniel Toledano ne ménage pas sa peine. Toutes les semaines, il milite avec les autres familles. Une marche devant la Knesset. Des collages à Jérusalem. Des interviews semées aux quatre coins du monde. À chaque nouvelle liste de noms, il espère que celui de son frère y figurera.

« J'ai rencontré le président Macron quand il est venu à Tel-Aviv. À l'aéroport. Il n'a pas dit grand-chose. Il a surtout écouté. Mais à la fin, il a juste précisé que le Hamas savait qu'il détenait des Français parmi les otages. Il a dit aussi qu'il ferait tout ce qu'il pourrait pour les ramener vivants. Mais il n'avait pas de preuve de vie de mon frère Daniel. Rien. »

Pour tenter d'en avoir, Daniel a tapé à toutes les portes, passé des centaines de coups de fil. À chaque nouvelle liste, après chaque déception de ne pas y trouver le nom de son frère, il allait voir les otages libérés.

« Les femmes, les plus âgés, même les jeunes enfants. Je suis allé les voir, tous. À chaque fois, je leur montrais la photo de mon frère. Ils l'avaient peut-être croisé. »

Lundi 27 novembre, le neveu et la nièce de Galit sont libérés.

Jeudi 30 novembre, Mia Schem est libérée.

Vendredi 1er décembre, la dernière liste paraît. La trêve s'achève. Le nom du frère de Daniel Toledano n'est toujours pas présent.

« Je suis allé voir Mia pour lui parler de mon frère. Ils étaient tous les deux au festival Nova. Ils étaient très amis. Elle m'a raconté leurs derniers moments ensemble. Après, elle ne l'a plus vu, à Gaza. Ils ne se sont pas croisés. »

Des semaines après quelques libérations, Daniel a repris le chemin de Paris. Il s'est retrouvé dans l'avion, avec Émilie Moatti du Forum des familles. Tous les deux s'entendent bien. Ils sont devenus amis. Ensemble, avec les autres, ils vont remettre la pression sur les autorités françaises pour faire libérer ceux qui restent, et parmi eux, trois Franco-Israéliens. Ils sont une dizaine à faire l'aller-retour.

Quatre jours sans faire de pause. Quatre jours à courir les ministères, l'Assemblée, le Sénat, les médias. Quatre jours à brandir les photos des otages franco-israéliens. Daniel a tenu très haut celle de son frère. Quatre jours plus tard, il peut repartir avec la conscience tranquille. Il a fait ce qu'il pouvait.

Au moment de prendre l'avion pour rentrer à Tel-Aviv, un officier de l'armée l'appelle pour lui annoncer qu'au cours de l'opération des forces armées israéliennes à Gaza, le corps de son frère a été récupéré par les forces spéciales. Il vient d'être rapatrié en Israël.

« C'était terrible de voir cela, se souvient Émilie Moatti. Après tous ces voyages, j'ai appris à bien connaître Daniel. J'ai mesuré tous ses efforts et tous les espoirs qu'il avait. »

Daniel est pressé de rentrer. Le rituel, les prières pour son frère ont déjà commencé. Chez lui, à Bnei Brak, toute la famille récite le Chema Israël, la profession de foi juive. Il faut faire vite. La loi religieuse exige que l'enterrement ait lieu au plus près du décès, si possible dans les vingt-quatre heures. Qui sait depuis combien de temps Elya a perdu la vie ?

Une fois dans l'avion, Émilie se démène pour trouver à Daniel un siège plus confortable. Tout l'équipage de la compagnie israélienne El Al sait ce qui vient de se passer et fait preuve de solidarité.

« Je me suis assise près de Daniel. On était comme deux ados collés à leur écran. Mais pas devant une fiction. Pendant tout le vol de retour, on a regardé la cérémonie filmée en direct par un membre de la famille. On a prié avec les rabbins via wi-fi. C'était le moment le plus fou de ma vie. »

La première fois que j'ai vu Daniel Toledano, c'était à Tel-Aviv. Il était en plein deuil. Ses yeux étaient cernés. Sa bouche ne souriait plus. Tout le long de l'entretien, il m'a raconté l'histoire de son frère Elya, et de son amie Mia Schem, en ponctuant son récit de longs silences. Il gardait les mains jointes sous la table. Il balançait son corps, comme j'avais vu faire les rabbins devant le mur des Lamentations. Il paraît que cette oscillation est importante dans la tradition juive, qu'elle permet de raccrocher le corps et l'esprit le temps d'une prière. Je suis sûr que Daniel priait pour son frère Elya.

Avant de le quitter, j'ai risqué une question. Je voulais savoir de quoi était mort Elya.

« Je l'ignore. »

Avait-il des marques sur son corps ? Des traces de balle, ou d'éboulement après un bombardement ?

« Non, me répond-il. Aucune trace. Rien. Son corps était impeccable quand on l'a mis en terre. »

Mais alors comment est-il mort ? J'ai revu Daniel plus tard, un matin de février. Le président Macron commémorait le drame. Daniel faisait le voyage. Il était invité ainsi que Morane, l'otage libérée. Le jour de l'événement c'était un mercredi, mercredi 7 février. La grande cérémonie avait lieu à Paris, dans la cour des Invalides. À midi très précis les sirènes des casernes se sont mises à retentir. Cela fait des années que le premier mercredi du mois les sirènes des casernes sonnent toutes en même temps.

« Nous on n'a pas compris, me raconte Émilie Moatti. On a levé les yeux. En Israël, les sirènes annoncent qu'il faut se mettre aux abris. Et nous on était là à scruter le ciel gris. On a cru qu'ils voulaient rappeler le samedi noir. »

Ce jour-là, le président Macron s'avance devant Morane. Émilie voit la scène et sort son portable.

Elle prend le cliché de Macron très ému par les propos de Morane, ses souvenirs, ses mots.

Puis le président s'incline pour lui baiser les mains. Émilie Moatti postera la photo sur son compte Instagram.

Le pire des scénarios

Depuis les premiers jours de cette guerre, les familles prennent conscience que les otages ne sont pas la priorité de leur Premier ministre.

Les bombardements sont massifs. Ils vont aller croissant. Des soldats meurent au front, tous les jours. Beaucoup n'ont que vingt ans. Beaucoup sont réservistes avec peu d'expérience. Mais cet homme veut sa guerre. Il y tient plus que tout, malgré toutes les pressions de la population, malgré l'opinion internationale qui condamne le pilonnage de la bande de Gaza, la pression de l'ONU, les soupçons démentiels de génocide.

Yotam, Alon et Samir étaient en vie le 7 octobre. Trois jeunes garçons bien vivants le lendemain et les jours suivants, aux mains de leurs ravisseurs. Après quelques semaines, les trois otages se concertèrent. Une occasion venait de se présenter. Ils allaient peut-être pouvoir échapper à leurs ravisseurs. Combien de temps ? Un jour ? Deux jours ?

Yotam, Alon et Samir allaient être les victimes du

pire des scénarios, de ce que les familles d'otages redoutaient plus que tout.

Yotam aimait la musique. Il était batteur. Sa longue chevelure rousse avait des reflets d'incendie. Il aurait dû se produire avec son groupe au festival Nova, mais les organisateurs de la rave-party les avaient annulés au dernier moment. Le samedi 7 octobre, les terroristes ont investi son kibboutz à Kfar Aza, mitraillé la porte de sa pièce sécurisée. Pour l'en faire sortir, ils y ont mis le feu.

Alon, que tout le monde surnommait Lulu, a combattu avec le groupe de défense de son kibboutz, lui aussi à Kfar Aza, avant de se réfugier dans le *mamad* de son appartement. Il a été kidnappé en même temps que Yotam.

Samir travaillait dans le poulailler du kibboutz de Nir Am quand il s'est fait enlever par le Hamas. Il ne connaissait ni Yotam ni Alon. Il était né dans un village de Bédouins. Mais au fil des semaines, il allait devenir proche des deux autres garçons.

Yotam, Alon et Samir passèrent des semaines ensemble, détenus par le Hamas. Cachés quelque part dans la bande de Gaza, tapis sous les bombardements. Chaque jour, ces trois jeunes gens ont guetté l'occasion de s'échapper. Une défaillance de leurs bourreaux, un instant d'inattention. Dans le tunnel, ils avaient déjà semé un message d'appel à l'aide, une feuille de papier sur laquelle ils avaient écrit : « Sauvez-nous ! » Ce message sera trouvé trop tard.

Pendant quelque temps, les trois garçons se retrouvèrent au deuxième étage d'un immeuble dégradé. Les tours de garde de leurs gardiens s'espacèrent. Une occasion se présenta. Dans cette ruine du quartier de Shuja'iyya à l'est de la ville, ils semèrent d'autres messages. Sur les murs, sur un drap. L'un d'eux traça un grand SOS rouge de son sang.

Pendant ce temps, Tsahal progressait. Chaque décombre de la ville de Gaza était fouillé. Chaque mètre carré d'appartement, chaque cave, chaque repli était systématiquement inspecté. La progression était lente. L'objectif, c'est le Hamas et sa « destruction », comme si on pouvait détruire une idée, une idéologie.

Au cours de la bataille, les renseignements militaires soupçonnèrent cet immeuble, précisément, d'abriter des terroristes. Ils avaient repéré des mouvements suspects. Ils envoyèrent un chien et son maître pour en savoir plus. Le chien était dressé pour évoluer en zone de guerre. Il faisait partie de l'unité Oketz, formé pour l'attaque, la recherche et le sauvetage, la localisation d'armes ou la détection d'explosifs. Une caméra GoPro fut fixée sur son dos. Le chien fila vers l'immeuble, inspecta le rez-de-chaussée, puis le premier étage. Son maître le suivait de loin, à distance, prudemment. Le chien poursuivit et monta jusqu'au deuxième. Et dénicha les otages.

Les garçons l'aperçurent. Ils comprirent tout de suite. L'un d'eux se mit à crier. Les autres l'imitèrent :

« Otages !

– C'est Alon ! C'est Yotam ! C'est Samir !

– Escalier ! Nous sommes près de l'escalier ! »

La caméra enregistra le précieux témoignage et le chien fit demi-tour, comme si de rien n'était. Sans doute était-il dressé pour chercher des traces d'explosifs.

Son maître avait entendu les cris venus de l'étage. En hébreu. Il pensa que c'était un piège. Cela confirmait simplement les craintes de l'armée israélienne : l'immeuble était dangereux. C'est pour cette raison qu'il ne monta pas voir. C'est du moins ce qu'il dira plus tard, aux enquêteurs de Tsahal.

Un sniper du Hamas abattit le chien renifleur. Le précieux contenu de sa caméra GoPro sera retrouvé plus tard par son maître et les membres de l'unité canine ; trop tard.

L'information circula. Bruits dangereux dans l'immeuble. Piège possible. Méfiance. Le commandement de Tsahal ordonna à un hélicoptère de tirer deux missiles sur ce qui restait de l'immeuble, puis l'armée se retira.

Pour les garçons, c'était le moment de tenter de s'enfuir : il y avait peut-être des blessés parmi leurs geôliers.

Ils n'iront pas très loin.

Deux tireurs de Tsahal aperçurent des ombres. Deux silhouettes torse nue brandissant un fanion. À quarante mètres. L'un visa, tira et tua. D'abord Alon, puis Samir. Mais le tireur avait vu trois silhouettes. Il attendit la dernière en ajustant son tir.

Son commandant lui ordonna toutefois de baisser son arme. Pendant quelques minutes, il somma le suspect de quitter sa cachette.

Yotam était paniqué. Il voyait les deux autres gisant sans vie devant lui. Il n'osait pas sortir. Il craignait d'être visé. Le commandant insista : « Sors doucement. Marche vers moi. »

Yotam lui répondit : « Sauvez-moi ! »

Un véhicule blindé fut appelé sur la zone.

Yotam se jeta enfin dehors avec son drapeau blanc. Mais deux tireurs l'exécutèrent froidement. Ils comprendront plus tard leur tragique méprise. Les membres de la brigade seront suspendus.

Dans les heures qui suivirent, quand l'histoire se répandit, ce fut la consternation.

Au Forum des familles, il n'y avait plus personne. C'était shabbat. La nuit était tombée, les repas s'organisaient. Pourtant, dans Tel-Aviv, j'entendis résonner des slogans. « *Akhshav !* Maintenant ! » C'était l'appel des familles. « *Akhshav ! Akhshav !* » Ils étaient des centaines dehors, boulevard Rothschild. Des centaines de familles, d'amis, de citoyens. Ils portaient les tee-shirts noirs à l'effigie de leurs proches, ou des petits bracelets jaunes sur leurs poings levés. En descendant pour voir, je remarquai de jeunes gens en civil, le fusil dans le dos, garçons, filles. Des militaires en permission, abasourdis, comme tout le monde.

J'en ai vu des centaines de jeunes armés de leur fusil M-16. Des garçons en baskets, une fille en jupe de cuir et bas noirs, attablés en terrasse ou défilant.

C'était une manifestation spontanée, un vendredi de décembre, pour réclamer d'urgence qu'on fasse revenir les otages. Entre fin novembre et début décembre, une centaine d'entre eux, exclusivement des femmes (parfois très âgées) et des enfants (pour certains âgés de seulement trois ans), ont été relâchés par le Hamas en échange d'un cessez-le-feu et de la libération de prisonniers palestiniens. Il en reste encore autant détenus dans Gaza… moins trois, ce soir du 15 décembre.

Un philosophe à Sderot

Robert Albin est professeur de philosophie. La soixantaine sportive. Israélien de naissance. Célibataire. Passionné. Cela fait des années qu'il enseigne Aristote, Descartes et Sartre à ses élèves de l'université Sapir, près de Sderot. Son campus est situé au nord de la bande de Gaza. Ses huit mille élèves étudient à moins de deux kilomètres de la frontière.

« J'ai souvent dû interrompre mes cours à cause des roquettes tirées de l'autre côté de la bande de Gaza, me confie le professeur Albin. Au début, nous avions dix secondes seulement pour nous réfugier au sous-sol ou dans un des abris disposés à travers le campus. C'est peu, dix secondes. Un de nos étudiants est mort il y a une dizaine d'années. Il était en train de courir pour se mettre à l'abri, mais la roquette a explosé à deux mètres de lui. Depuis, les murs et les vitres des classes ont été renforcés. Mais le danger demeure quand on sort pour aller d'un bâtiment à l'autre. »

Avec le temps, le professeur et ses élèves se sont presque habitués à la situation. La lecture des stoïciens grecs et romains, l'étude des pensées de Marc Aurèle y ont sans doute contribué : « Que la force me soit donnée de supporter ce qui ne peut être changé et le courage de changer ce qui peut l'être. »

Vendredi 6 octobre au soir, le professeur planche sur la question du genre pour un article. Le lendemain, à l'aube, le fracas des roquettes plonge le penseur dans la réalité. Une attaque est en cours. Une pluie de roquettes s'abat sur Sderot. À l'abri de sa pièce sécurisée, perché à six étages au-dessus de cette attaque du Hamas, la terreur s'empare de lui. Rester caché. Attendre. Prier. Espérer.

« Connaissez-vous Ludwig Wittgenstein ? Ce grand philosophe autrichien s'était battu sur le front russe pendant la Première Guerre mondiale. Il était dans l'artillerie. Dès que les armes cessaient, il retournait à ses réflexions philosophiques sur la religion et sur l'éthique. Je me demande vraiment comment il a pu faire cela, in situ, au milieu de cette horreur. Comment Wittgenstein est-il parvenu à s'extraire de cette terrible réalité ? »

Depuis, le philosophe a repris le chemin de l'école. Si le campus est fermé pour cause de guerre, ses élèves rescapés forment une classe à distance, via Zoom.

Sur l'écran de son ordinateur, une élève l'intrigue.

« On aurait dit qu'elle vivait dans une yourte mongole. Mais elle a précisé qu'elle s'était réfugiée avec les kibboutzniks rescapés dans le sud d'Israël, près de la station d'Eilat qui borde la mer Rouge. Elle vivait dans une tente de Bédouin. »

L'étudiante peine. Elle fronce les sourcils et pousse des soupirs. Elle lève souvent la main pour qu'il reformule une idée. Avec le temps, elle se détend. Elle semble raccrocher les wagons de la logique, de la raison et de la réflexion.

« L'effort que nous avions produit avec les élèves pour engager une discussion théorique était un vrai remède. Cela nous a remis sur le chemin de la normalité. C'était passionnant. Cela illustrait bien toute la difficulté qu'il y a à se relever d'un tel événement. »

Pour Robert Albin, la raison s'est déchirée ce samedi 7 octobre. Platon, Descartes avaient loué une rationalité de l'homme, que ce raid monstrueux faisait voler en éclats. Quelle raison pourrait conduire des hommes à torturer des femmes sans défense, à tuer des enfants de sang-froid ? Comment formuler une pensée d'un pareil événement ? Comment lui trouver le moindre sens ?

« Le monde ne comprend pas que nous sommes encore sous le choc du 7 octobre. Notre perception est restée figée. Cela limite au quotidien nos capacités cognitives, notre capacité à raisonner et, par voie de conséquence, cela bride notre compassion envers les civils gazaouis. »

Pour illustrer ce traumatisme, le professeur Albin évoque la fameuse pyramide des besoins d'Abraham Maslow. En 1943, en pleine Seconde Guerre mondiale, le psychologue américain a développé une théorie des motivations humaines. Dans son article, il a distingué cinq niveaux déterminant ces motivations :

– les besoins naturels,
– le besoin de sécurité,
– le besoin d'appartenance à un groupe,
– le besoin d'estime de soi,
– et le besoin de s'accomplir.

« J'ai mis des années à me hisser au sommet de cette pyramide, me confie Robert Albin. Le besoin de m'accomplir était devenu une préoccupation première. Mais depuis le 7 octobre, je l'ai dégringolée. Je suis tombé tout en bas. Aujourd'hui, le besoin de sécurité est dans toutes mes pensées. Il est ma principale motivation. Il est notre principale préoccupation, en Israël. Tant que cette question ne sera pas résolue, nous ne pourrons pas réellement nous élever. »

Remerciements

À Gilles Haéri, qui a accepté de me soutenir dès le début, dès le premier instant et contre vents et marées, ainsi que Julien Darmon, mon éditeur.

À Émilie Moatti qui m'a permis de recueillir ces témoignages.

À Patrick Bunan, mon ami de toujours, et à Sandrine Sebbane, brillante journaliste, pour leurs conseils infiniment précieux.

Table

Préface d'Émilie Moatti 9
Prologue 15

De la rave-party au cauchemar dans le Néguev

Mauvais signes 25
Un héros très modeste 38
Mon frère 48
#Ramenez les otages à la maison, maintenant ! 54
Faire quelque chose 59

Les colombes de Beeri

Les couleurs de la paix 67
Le souvenir de Rabin 72
Viviane Silver 79
Le mythe de la paix 86
Hugo à Beeri 93
« Le sourire de mon frère » 105

Les fiancés de Kfar Aza

Irène et Netta 111
L'amour, la mort 126

Les enfants de Nir Oz

La mère Morte 141
L'amour d'une mère 147
Dans les bras l'une de l'autre 155

Détenus par le Hamas

La liste 171
Une otage parmi tant d'autres 175
Sous les bombes 181
Manipulations 188
Trois clémentines, le père Noël
et les bombardements 198
Dans les tunnels avec le diable 205
Sinwar 210

Quelques noms sur des listes

La mère de Sharon libérée 219
Morane sur la liste 224
Kaddish 232
Le pire des scénarios 237
Un philosophe à Sderot 243

DU MÊME AUTEUR

CES RÊVES QU'ON PIÉTINE, roman, éditions de l'Observatoire, 2017.

SAUVER OU PÉRIR (AVEC LES SAPEURS-POMPIERS DE PARIS), récit, préface de Sylvain Tesson, Albin Michel, 2019.

LE CŒUR BATTANT DU MONDE, roman, Albin Michel, 2019.

DANS LES FLAMMES DE NOTRE-DAME, récit, Albin Michel, 2019.

LA FIÈVRE, roman, Albin Michel, 2020.

LA REVANCHE DES ORAGES, roman, Albin Michel, 2022.

DICTIONNAIRE AMOUREUX DE VICTOR HUGO, Plon, 2023.

LÉONIE B., roman, Albin Michel, 2024.

Retrouvez toute l'actualité des éditions Albin Michel
sur notre site albin-michel.fr
et suivez-nous sur les réseaux sociaux.
Instagram : editionsalbinmichel
Facebook : Éditions Albin Michel
X : AlbinMichel
YouTube : Editions Albin Michel

Composition Nord Compo
Impression CPI Firmin-Didot en septembre 2024
Éditions Albin Michel
22, rue Huyghens, 75014 Paris
www.albin-michel.fr
ISBN : 978-2-226-49365-1
N° d'édition : 25898/01 – N° d'impression : 180361
Dépôt légal : septembre 2024
Imprimé en France